聖書人物
おもしろ図鑑
旧約編

監修者
大島 力
編者
古賀 博　真壁 巌　吉岡康子
イラスト
金 斗鉉

日本キリスト教団出版局

＊この本の聖書の書名、出てくる人の名前や地名は、『聖書 新共同訳』（日本聖書協会）に基づいています。
＊人物名の英語表記は、一般に用いられているものです。

はじめに

　世の中には『聖書人物記』や『聖書事典』なる書物が多く出版されています。そのうえに『聖書人物おもしろ図鑑（旧約編）』を出版することは、実に挑戦的に見えるでしょう。それには明確な理由と目的があります。[聖書＝難しい≠おもしろい]を、何とかして克服してほしいのです。

　聖書はだれが読んでも難しい！というのは本当でしょう。でも全部を理解できなければ読めないということでもありません。大切なのは「読む気になるとっかかり」です。聖書には、そのとっかかりとなる人物がたくさんいます。ただ文字だけの聖書では、その人物にたどり着くまで気力がもたなかったという経験をしたことのある人、ぜひこの図鑑を開いてみてください。

　絵本などでおなじみの金斗鉉さんによる色彩豊かな楽しい人物のイラストや、人間関係が一目でわかる系図により、ひとりを知れば、さらにもうひとりを知りたくなってきます。それによって神さまに出会ったはずの人々がいわゆる聖人ではなく、むしろ人間くさくていい加減な人々が多いことも知ることができるでしょう。そこが聖書のおもしろさ！です。

　また、この図鑑にはそれぞれの人物が登場する聖書箇所のほか、関わりのある人物名や地名を見やすい表や詳しい地図で紹介しています。系図だけに登場する人名まで含めると、実に400人を超えています。もちろん、限られたスペースでの紹介ですので、聖書の一部を切り取った紹介であり、いわゆる学問的（神学的）な説明ではありません。掲載している聖句も、その人物を簡単に紹介しているだけです。しかしあ

くまで人物を通して聖書全体をおもしろく理解するための本ですので、それぞれの人物と浅くとも広く出会ってください。それを手がかりにして、さらに深く聖書を味わっていただくきっかけになれば大きな喜びです。

　なお、扱った人物の中には旧約聖書に登場しないトビト、ユディト、ユダ・マカバイなども含まれています。旧約聖書続編（外典）として「新共同訳聖書続編つき」に収められた書物に登場する人物ですが、ローマ・カトリック教会や東方正教会は旧約外典を聖書の一部として扱い、正典とみなしています。こうした人たちは、キリスト教名画にもよく描かれています。旧約聖書のおもしろさをより広くお伝えしたいと願い、加えています。

　執筆は30〜50代といった比較的若い牧師たちに依頼し、人物像を興味深く自由に書いていただきました。それを旧約聖書学者として定評ある青山学院大学の大島力先生が監修してくださり、しっかりした内容になったことを感謝します。

　日本キリスト教団出版局からは、『旧約聖書に強くなる本』（浅見定雄著）というロングセラーが出版されています。この図鑑が目指しているのは『旧約聖書がおもしろくなる本！』です。ぜひ手に取って、それぞれの人物の人生に思いを馳せてみてください。すると、不思議にも自分と重なり合う登場人物を発見できるかもしれません。そうなれば、あなたもきっと気づくはずです。神さまがなぜこれらの人物を聖書に登場させたか、そして、神さまからあなたへのメッセージに。

2015年10月

　　　　　　　　　　　　　　　　編者　古賀　　博
　　　　　　　　　　　　　　　　　　　真壁　　巖
　　　　　　　　　　　　　　　　　　　吉岡　康子

✴ もくじ ✴

はじめに … 3

第1部 神さまの声を聞いて

アダムとエバ 世界で初めての人間 …………………………… 10

カインとアベル 最初のきょうだい、最初の殺人 ……… 12

ノア ここから、もう一度人間の歴史が始まる ………… 14

セムと兄弟たち そして世界に人びとが広がった …… 16

- ■コラム 「セム語族」って？ … 16
- ■コラム バベルの塔 … 17

アブラハムとサラ1 信仰者たちのお手本?! ………… 18

アブラハムとサラ2 約束の子ども …………………………… 20

- ■コラム ソドムとゴモラ … 20

アブラハムとサラ3 アブラハムの信仰 ………………… 22

イサクとリベカ おっとりした2代目 ……………………… 24

ヤコブ 神さまの「どこでもハシゴ」経験者 …………… 26

ヨセフ 神の和解のメッセンジャー ………………………… 28

ヤコブの息子たち（と孫）だよ、全員集合！ ………… 30

- ■コラム イスラエル十二部族 … 31

モーセ1	水から引き上げられた赤ちゃん	32
モーセ2	神さまの民を約束の地へ	34
旅する共同体	「臨在の幕屋」を囲んで	36

■コラム　約束の地は男のもの？ … 37

ヨシュア	知恵の霊に満ちたモーセの後継者	38
士師たち1	危機の時代に立てられた人びと	40
士師たち2	もっとたくさんの人たち	42
ルツ	悲しみの旅人から喜びのみなもとへ	44
ヨブ	神さまとサタンのゲームに巻き込まれた悩める人のヒーロー	46

■コラム　ヨブ記に登場する不思議な生き物 … 48

第2部　正しく歩む道を求めて

サムエル	王国をつくった立役者	50

■コラム　マグニフィカート … 51

サウル	イスラエル最初の王	52
ダビデ1	イスラエル最大の英雄	54
ダビデ2	王国内での台頭	56

■コラム　ダビデの詩編① … 57

ダビデの逃亡生活	サウルの追跡を逃れて	58

ダビデ王誕生　ダビデの町エルサレム……………………… 60

■コラム　弓の歌 … 60

■コラム　「ダビデの町」… 61

バト・シェバ　ダビデ痛恨のスキャンダル………………… 62

■コラム　ダビデの詩編② … 63

アブサロム　ダビデ最愛の息子の謀叛 ……………………… 64

ダビデの家臣たち ……………………………………………… 66

■コラム　三十人と三勇士 … 67

ソロモン　イスラエル王国の絶頂期 ………………………… 68

■コラム　ソロモンの箴言 … 69

ソロモンをとりまく人びと…………………………………… 70

■コラム　名裁き … 70

南北王朝　イスラエル王国の分裂 …………………………… 72

◎南北王朝一覧表 … 74

◎〈地図〉南北王国と周辺の国ぐに … 76

エリヤ　南北王国時代最大の預言者 ………………………… 78

エリシャ　北王国のリーダー預言者 ………………………… 80

イエフ革命　北王国最長の王家 ……………………………… 82

アッシリア襲来　北王国の滅亡 ……………………………… 84

預言者たち1　イスラエルの小預言者たち ………………… 86

預言者たち2　ユダの小預言者たち……… 88

ヒゼキヤとイザヤ　主を求める王と預言者……… 90

■コラム　3人のイザヤ？… 91

ヨシヤとエレミヤ　ダビデ王朝の落日……… 92

エゼキエル　バビロン捕囚後のまぼろし……… 94

エズラとネヘミヤ　旧約の宗教改革者……… 96

エステル　陰謀に立ち向かう美しきクイーン……… 98

■コラム　プリム… 99

ダニエル　ライオンの穴からの生還者……… 100

■コラム　「ダニエル書補遺」… 101

トビト、ユデイト　旧約聖書続編の物語……… 102

■コラム　「ユダヤの女性」は強い！… 103

マカバイ戦争　イエス降誕前夜のユダヤ……… 104

■コラム　ハヌカ… 105

人名索引… 106

この本を作った人… 110

第 **1** 部

神さまの声を聞いて

アダムとエバ　世界で初めての人間
登場するのは…創世記1〜3章

神は御自分にかたどって人を創造された。

(創世記1：27)

アダム［Adam］

名前の意味：　ヘブライ語で「人」。

誕生：　神さまが土（アダマ）で造った。

役割：　あらゆる生き物に名前をつけること。
地を耕し、守ること。

特徴：　ひとりでは生きられない寂しがり屋？
人から誘われると断れない⁉
なんと930歳まで生きた。

天地を創造された神さまは、樹や草、生き物を造られた。
最後に造られたのは人間。
ふたりはエデンの園に住んだ。
人類のすべては、このふたりから始まった。

エバ［Eve］

名前の意味：　ヘブライ語で「生命・いのち」。

誕生：　神さまがアダムのあばら骨で造った。

役割：　アダムのパートナー。
すべてのいのちあるものの母。

特徴：　ヘビからそそのかされてしまう。
誘惑に弱い？　何歳まで生きたかは不明。

エデンの園

フルーツ食べ放題！
…でも、あの木だけは
　　ご注意を

美しい川が流れていて、
おいしい実のなる木が、
これでもかってくらいに
生えている。
はだかでいても、
かぜなんかひかない。

ただし、まんなかにある
「善悪の知識の木」「命の木」からは
食べてはいけないんだ。
神さましか
ふれてはいけないものがあるんだね。
みんなが、どんなにほしいと思っても……。

なのに……、さようなら、エデンの園

楽しいすてきな毎日だったのに、アダムとエバは、ヘビにそそのかされて、とうとう「善悪の知識の木」から実を食べてしまった。
神さまは決意した。人間をエデンの園から追い出すことを。
イチジクの葉をつけてふるえていたアダムとエバは、皮でできた服を着せられて、エデンの園を出て行った。もう二度と帰ることのない、美しい庭から。

カインとアベル
最初のきょうだい、最初の殺人
登場するのは…創世記4章

アベルは羊を飼う者となり、カインは土を耕す者となった。

(創世記4：2)

アダムとエバに生まれた、ふたりの息子。
ひとりは土を耕して作物をつくり、もうひとりは羊飼いになった。
ふたりは神さまにささげものをしたけれど、
なぜか神さまは兄カインのささげものを喜ばれなかった。
怒ったカインは、弟のアベルを野原に連れ出し、殺してしまった。

カイン [Cain]
人類最初に生まれた赤ちゃん。仕事は農業。野原で弟を殺した後は、エデンの東のノド(「さすらい」という意味)に住んだ。

アベル [Abel]
カインの弟。羊飼い。羊の群れの中から「肥えた初子」を神さまにささげた。

アダムが130歳のとき、ふたたび男の子が生まれた。

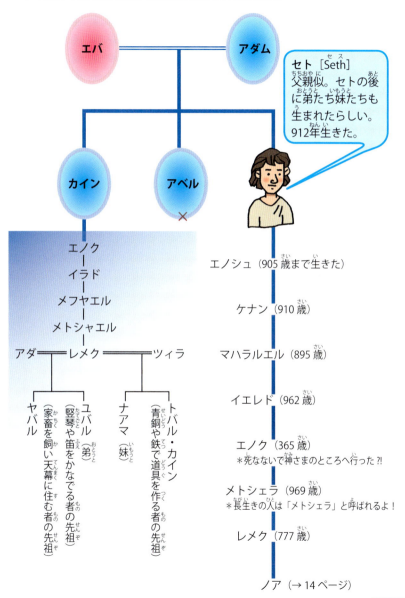

セト [Seth]
父親似。セトの後に弟たち妹たちも生まれたらしい。912年生きた。

カイン
アベル ×

エノク
イラド
メフヤエル
メトシャエル
アダ＝レメク＝ツィラ

ヤバル（家畜を飼い天幕に住む者の先祖）
ユバル（弟）（竪琴や笛をかなでる者の先祖）
ナアマ（妹）
トバル・カイン（青銅や鉄で道具を作る者の先祖）

エノシュ（905歳まで生きた）

ケナン（910歳）

マハラルエル（895歳）

イエレド（962歳）

エノク（365歳）
＊死なないで神さまのところへ行った⁈

メトシェラ（969歳）
＊長生きの人は「メトシェラ」と呼ばれるよ！

レメク（777歳）

ノア（→14ページ）

ノア ここから、もう一度人間の歴史が始まる

登場するのは…創世記6〜9章

あなたはゴフェルの木の箱舟を造りなさい。

(創世記6：14)

神さまは、地上に広がった人間の心が悪いことでいっぱいなのをご覧になって、心を痛められた。
「わたしは人間も動物も鳥も造ったことを後悔する」
ノアは神さまに従う、心の正しい人だった。
神さまはノアに言われた。「箱舟を造りなさい」。

箱舟には、すべての動物や鳥が、大きなものから小さなものまで、オスとメスが1匹ずつ乗り込んだ。それから、ノアの家族も……。

箱舟の扉がしまると、大雨が降りだした。
40日40夜続いた雨で、高い山まですっかり水の下になった。

箱舟に乗った人たち

ノア [Noah]
名前の意味は「慰め」。神に従う心の正しい人。3人の息子と箱舟を造る。950年生きた。

ヤフェト [Japheth]　ハム [Ham]　セム [Shem] (600歳)

アクパクシャド (438歳)

ハトは平和のしるし

雨がやんで150日たつと、水は減ってきて、箱舟は、アララト山の上にとまった。ノアはハトやカラスを放して、外がどうなっているか調べた。ついにハトは、オリーブの葉をくわえてもどってきた。地上から水が引いて、木や草が生えてきたんだ！

シェラ (433歳)

エベル (464歳)

ペレグ (239歳)

レウ (239歳)

セルグ (230歳)

最初にしたことは礼拝

神さまに感謝の礼拝をささげるノアたちの上に、大きな虹が広がった。虹は、もう二度と洪水を起こして地上の生き物を滅ぼさないという、神さまの約束のしるしなんだ。

ナホル (148歳)

テラ (205歳)

ハラン　ナホル　アブラム

(→18ページ)

セムと兄弟たち　そして世界に人びとが広がった

登場するのは…創世記10章

地上の諸民族は洪水の後、彼らから分かれ出た。

(創世記10：32)

箱舟に乗ったノアの息子は3人だけ。
創世記は、この3人から、世界のいろいろな
民族が生まれたと語っている。

■ヤフェトの子孫
　海沿いの国ぐにに住む人たちが生まれた。

　　■ハムの子孫
　　エジプト人、エブス人、アモリ人、ギルガシ人、ペリシテ人、ヒビ人など、たくさんの民族が生まれた。地上で最初の勇士ニムロドも子孫のひとりだ。

　　　■セムの子孫
　　　東の高原地帯に住むようになった。

「セム語族」って？
言葉を研究する人が仲間の言葉をまとめた。聖書の民であるヘブライ人や、カナン人、フェニキア人、アッシリア人、バビロニア人の言葉は「セム語」と呼ばれたんだ。聖書の世界の人たちは、このセムの子孫だと考えられていたんだね。

箱舟を出たノアは……？

実は、ぶどう畑を作ったんだ。栄養たっぷりの土から穫れた、すばらしい収穫！ このぶどうからノアはワインを作った。これまた、すてきなお味！
すっかりよっぱらってしまったノアを見て、末の息子のハムは、ぐでんぐでんのお父さんが裸になっていると兄弟たちに言いつけた。セムとヤフェトは後ろ向きになって、お父さんを見ないようにして介抱した。
後でノアは、ハムのことをかんかんに怒った。
聖書に出てくるハムの子孫たちを見ると、聖書の民であるヘブライ人とは、仲良くないようだよね。

バベルの塔

創世記11章に、「バベルの塔」の話が出てくる。それまで世界中の人たちは、みんな同じ言葉をつかっていた。
ある時、東の方からやって来た人たちが、シンアルの平野にレンガとアスファルトで天まで届く塔のある町を建てようとした。この人たちの心が高ぶっているのをご覧になった神さまは、その言葉を混乱（バラル）させられた。そこで、その町はバベルと呼ばれるようになったんだ。
仕方なく、みんなはばらばらになって、それぞれのところに散っていったんだそうだ。世界にいろいろな言葉があるのは、そのためなんだって。

アブラハムとサラ1 信仰者たちのお手本?!
登場するのは…創世記12〜25章

アブラムは、主の言葉に従って旅立った。

(創世記12：4)

旅をする家族たち

カルデアのウルに住むテラには3人の息子がいた。
テラは、このウルを発って、息子のひとりアブラムの一家、孫のロトと一緒にカナンへ向けて旅立った。けれど、旅を続けてハランまで来ると、みんなはここに住むことになった。羊や牛を飼うのに大切な川が流れ、土も豊かで、たくさん作物ができる。テラはカナン地方まで行くことはなく、205年の生涯をここで終えた。

アブラムが75歳になったとき、神さまの呼びかけを聞いた。
「あなたは父の家を離れて、わたしが示す地に行きなさい」
そのとき、テラは145歳ということになる。
「わたしはあなたを大いなる国民にし
あなたを祝福し、あなたの名を高める
祝福の源となるように」
神さまが示す地がどこなのか、アブラムにはわからない。
でも、アブラムは、妻サライ、おいのロト、財産のすべてと、仲間に加わった人たちと共に、カナン地方に向けて出発した。

ややこしい家族関係をチェック!

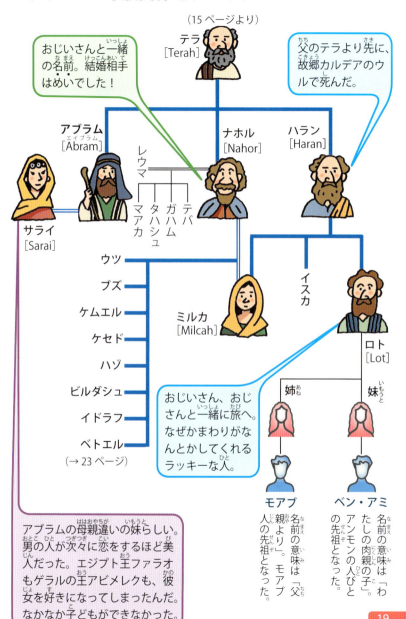

アブラハムとサラ2　約束の子ども
新しい名前はアブラハム[Abraham]とサラ[Sarah]

星を数えることができるなら、数えてみるがよい。……あなたの子孫はこのようになる。
(創世記15:5)

旅は続くよ……どこまでも

ハランからカナン地方へ。シケム、ネゲブ地方、エジプト、それからまたネゲブ地方へ……。ずっと一緒に旅をしたアブラムとおいのロトの生活は、前にいたベテルとアイの間にもどったときに終わった。ふたりともたくさん家畜を飼っていて、一緒にいられなくなったのだ。ロトは東の方、低地の湖の南側に移っていった。

アビメレク [Abimelech]

サレム（エルサレム）の王さま。祭司でもあるので、アブラムを祝福した。誕生も死もない人？

アブラハムをめぐる人びと

ゲラルの王さま。アブラハムがサラを妹だと言ったので、結婚しようとするが、神さまに止められる。

メルキゼデク [Melchizedek]

ソドムとゴモラ

創世記18～19章に、豊かだけれど神さまに従わないソドムとゴモラという町の話がある。ロトの家はソドムにあった。ある日、神さまが、「この町を滅ぼすから、後ろを振り向かないで逃げなさい」とロトに言われた。ロトと妻とふたりの娘は、すぐに逃げだした。ところが、妻は財産を残してきた家が気になったのか、つい振り返ってしまったのだ。そして、なんと塩の柱になってしまった。
この町は、死海という塩分が濃い湖の下に沈んだらしい。死海の水が塩からいのは、ロトの妻のせいなんだって！

神さまが約束された「跡継ぎ」は誰だ？

ロトが別れて行った後、神さまはアブラムに呼びかけられた。
「見える土地を全部、あなたとあなたの子孫に与える。地面の砂つぶが数えきれないように、あなたの子孫も砂つぶのようにたくさんになるだろう」
でも、アブラムとサライには子どもがいない。いったい誰が跡継ぎになるのだろう。ふたりは一生けんめい考えた。ずっとアブラムに忠実に従ってきた僕？ それとも、若い召し使いに子どもを生んでもらったらいいのだろうか……。

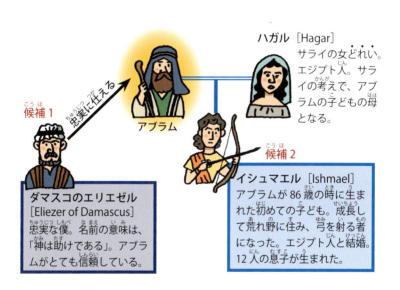

候補1 ダマスコのエリエゼル [Eliezer of Damascus]
忠実な僕。名前の意味は、「神は助けである」。アブラムがとても信頼している。

ハガル [Hagar]
サライの女どれい。エジプト人。サライの考えで、アブラムの子どもの母となる。

候補2 イシュマエル [Ishmael]
アブラムが86歳の時に生まれた初めての子ども。成長して荒れ野に住み、弓を射る者になった。エジプト人と結婚。12人の息子が生まれた。

神さまのご計画は、人間の考えとは違う。神さまはアブラムにはアブラハム（「諸国民の父」という意味）、サライにはサラ（「高貴な女性」）という新しい名前を与えて、サラから生まれる男の子が跡継ぎとなることをお知らせになった。神さまはイシュマエルについての願いも聞き入れられ、祝福を受けて大きな国民となると語られた。イシュマエルも豊かな祝福を受けたんだね。

アブラハムとサラ3　アブラハムの信仰
人生最大の試練がアブラハムをおそう

あなたは、自分の独り子である息子すら、わたしにささげることを惜しまなかった。　　　　　　　　　　（創世記22：12）

みんなが笑った！

3人の旅人の姿で神さまの使いがやってきた。「来年の今ごろ、サラに男の子が生まれているでしょう」。天幕の陰で聞いていたサラは、こっそり笑った。私はもうおばあさんなのに……。アブラハムも99歳のとき、子どもが生まれると聞いて笑ったのだ。でも、神さまにできないことはない。

約束の子どもが生まれたときアブラハムは100歳、サラは90歳だった。赤ちゃんの名前はイサク、「笑い」という意味だ。かわいいイサクのまわりは、いつも楽しい笑いでいっぱいだった。

神さまのご命令……どうする、アブラハム

ある日、神さまがアブラハムに呼びかけられた。「モリヤに行き、あなたの独り子イサクをささげなさい」。

イサクをささげる？　どういうことだ……。アブラハムは黙ってロバを用意し、イサクを連れてモリヤに向かって旅を続けた。

3日目にモリヤに着いた。アブラハムは神さまを礼拝する場所を作り、お言葉のとおり、イサクをささげようとした。

すると、その時、神さまの使いの声が響いた。「子どもに何もしてはならない。あなたが神を畏れる者だとわかった」。

アブラハムとイサクは、そこで神さまを礼拝した。

この場所は、ずっと後でエルサレムの神殿が建てられたところだと言われているよ。イスラームの人たちも、預言者ムハンマドが天に昇っていった場所として、大切にしているんだ。

求む! イサクの結婚相手

サラは127歳で死んだ。アブラハムは、息子イサクのために、カナンではなく自分の故郷から結婚相手を探そうと考えた。アブラハムから全部をまかされた僕は、アブラハムの故郷に向かった。そして、探し始める前に、神さまに導いてくださいとお祈りした。神さまは、その願いを聞いてくださった。

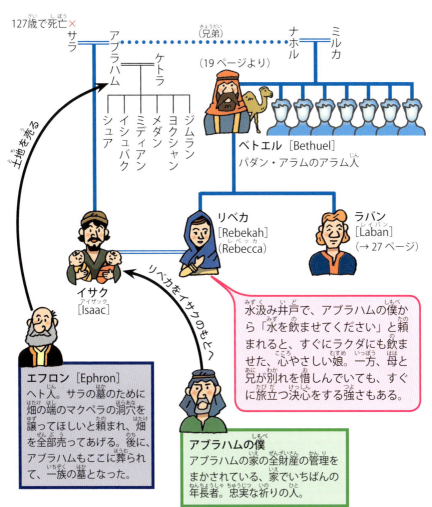

127歳で死亡×

サラ=アブラハム‥‥‥(兄弟)‥‥‥ナホル=ミルカ
(19ページより)

アブラハム=ケトラ
子: ジムラン、ヨクシャン、メダン、ミディアン、イシュバク、シュア

ベトエル [Bethuel]
パダン・アラムのアラム人

リベカ [Rebekah] (Rebecca) レベッカ
ラバン [Laban] レイバン (→27ページ)

イサク [Isaac] アイザック

土地を売る / リベカをイサクのもとへ

エフロン [Ephron]
ヘト人。サラの墓のために畑の端のマクペラの洞穴を譲ってほしいと頼まれ、畑を全部売ってあげる。後に、アブラハムもここに葬られて、一族の墓となった。

アブラハムの僕
アブラハムの家の全財産の管理をまかされている、家でいちばんの年長者。忠実な祈りの人。

水汲み井戸で、アブラハムの僕から「水を飲ませてください」と頼まれると、すぐにラクダにも飲ませた、心やさしい娘。一方、母と兄が別れを惜しんでいても、すぐに旅立つ決心をする強さもある。

イサクとリベカ おっとりした2代目
登場するのは…創世記24～26章

イサクは、リベカを愛して、亡くなった母に代わる慰めを得た。
(創世記24：67)

イサク ［Isaac］アイザック

名前： ヘブライ語で「笑い」という意味。

誕生： 父100歳、母は90歳の時に生まれた。

好物： 長男エサウがとってきた獲物の料理。

特徴： 175歳で父アブラハムが亡くなると、その祝福を受け継いだお金持ち。まわりのペリシテ人たちとは、井戸のことではトラブルばかり。財産である牛や羊のために水はとても大切なものなのに、けんかせずに別の井戸を掘り当てる、心優しい井戸掘り名人。妻リベカをとても愛して、大好きな母が亡くなった後の悲しみが慰められた。

おなかの中でふたつの国民がさわぐ！

リベカにもなかなか子どもができなかったので、イサクは神さまに祈った。神さまは祈りを聞いてくださったが、なんとおなかの中には双子が！ 双子はおなかの中で押し合いっこをした。生まれる前から競争しているように。神さまは、双子はふたつの国民になり、兄が弟に仕えるようになると、リベカに言われた。
双子が生まれたときイサクは60歳。先に生まれたのは赤くて毛深いエサウ。弟はエサウのかかと（アケブ）をつかんで生まれたので、ヤコブという名前になった。ヤコブの肌は、つるつるしていたらしい。双子でも、全然似ていなかったんだね。
ヤコブはお母さんのお手伝いが大好き。エサウは、野に出て狩りをするのがじょうずだった。イサクは兄のエサウをかわいがり、リベカは弟のヤコブを愛した。しかし、ふたりのどちらにとっても、エサウのカナン人の妻たちは「悩みの種」だったらしい。

長子の権利？……赤い豆の煮物事件！

ある日、ヤコブが働いていると、エサウが野原から帰ってきた。赤いレンズ豆がおいしそうに煮えている。食べさせてほしいと頼むと、ヤコブは代わりに「長子の権利」を譲るよう条件を出した。死にそうなほどおなかをすかせたエサウは、深く考えずうなずいた。パンとレンズ豆を食べ、エサウはすっかり満足して出て行った。「長子の権利」を食べ物と交換できたヤコブも満足だった。

やがてイサクは年をとり、目がよく見えなくなってきた。そこで、エサウに自分の祝福を与えようと考え、獲物をとってきて料理するように言いつけた。それを聞いていたリベカは、子山羊の毛皮をヤコブに巻き付け、料理を作ってイサクに持っていかせた。イサクはまったく気づかないで、ヤコブを祝福してしまった。
それを知ってエサウは泣いてくやしがった。ヤコブがエサウに殺されてしまうのではないかと心配したリベカは、ヤコブをハランに住む自分の兄ラバンのところへ送り出すことにした。そこで結婚相手を見つけるように、と言って。

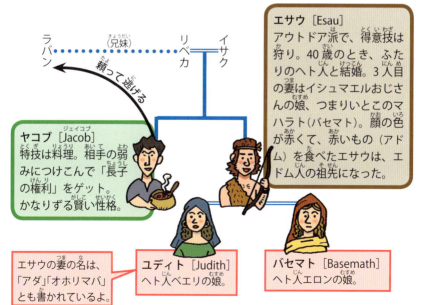

エサウ [Esau]
アウトドア派で、得意技は狩り。40歳のとき、ふたりのヘト人と結婚。3人目の妻はイシュマエルおじさんの娘、つまりいとこのマハラト（バセマト）。顔の色が赤くて、赤いもの（アドム）を食べたエサウは、エドム人の祖先になった。

ヤコブ [Jacob]
特技は料理。相手の弱みにつけこんで「長子の権利」をゲット。かなりずる賢い性格。

ユディト [Judith]
ヘト人ベエリの娘。

バセマト [Basemath]
ヘト人エロンの娘。

エサウの妻の名は、「アダ」「オホリバマ」とも書かれているよ。

ヤコブ　神さまの「どこでもハシゴ」経験者

登場するのは…創世記 25、27〜35、46〜50 章

そうだ、ここは天の門だ。(創世記 28：17)

ヤコブは家族と離れて生活することになった。遠い遠いラバンおじさんの家に向かう途中、野宿しなくてはならなかった。さみしい思いで石を枕にして眠りにつくと、思いがけず、神さまが天からヤコブのところに来てくださった。そのとき天から降りてきたものを、昔から、「ヤコブのはしご」(階段)と呼んでいるよ。
神さまはヤコブに語られた。「わたしはあなたと共にいる。あなたがどこへ行っても、わたしはあなたを守り、……決して見捨てない」。ヤコブが知らなくても神さまは共にいてくださったのだ。
ヤコブは、この場所に「ベテル(神の家)」という名前をつけた。

ヤコブが恋をした……そして結婚!?

ヤコブの旅

神さまの約束を心に抱いて無事ハランに着いたヤコブは、おじさんの下で羊の世話をして暮らした。
ヤコブは、ハランで最初に会ったラバンの娘ラケルが大好きになった。
ラケルと結婚したくて、ヤコブは 7 年間、一生けんめい働いた。恋をしていたから 7 年なんて何でもない。
でも、結婚式が終わって気がついたら、なんと花よめはラケルではなくて姉のレア！
がっかりしたけれど、ラケルと結婚するため、ヤコブはもう 7 年、働いた。

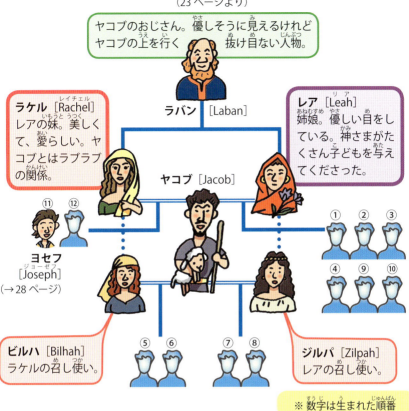

（23ページより）

名をなのれ！　まっくらやみの大格闘

神さまは約束どおりヤコブを守り、祝福してくださった。財産も増えたし、子どもも次々に生まれた。

20年が過ぎた。大家族になったヤコブは、みんなを連れて故郷に帰ることにした。兄さんはゆるしてくれるだろうか……。家族がヤボクの渡しで川を渡ると、ヤコブはひとり後に残った。その夜、何者かがおそいかかってきて一晩中、大格闘。夜明けに、相手（神さま）はヤコブに「イスラエル（神は闘う）」という新しい名前と祝福をくださった。

その後、ヤコブは無事に兄エサウと再会して仲直りができたんだ。

ヨセフ　神の和解のメッセンジャー

登場するのは…創世記 37、39〜50 章

あなたがたはわたしに悪をたくらみましたが、神はそれを善に変え、……今日のようにしてくださった　（創世記 50：20）

ヤコブには 12 人の息子がいた。ヨセフは 11 番目で、お父さんのお気に入り。だから、お兄さんたちにきらわれて、少年のころ、遠いエジプトの国に売られてしまった。家に帰った兄たちはお父さんに、「ヨセフは獣にかまれて死んでしまった」とウソを言った。お父さんのヤコブは泣いて泣いて悲しんだ。

でも神さまは、どんなときもヨセフと一緒にいて守ってくださった。やがて、エジプトの王さまが見た夢の意味を説明して、ヨセフは、とうとうエジプトのえらい大臣になった。結婚して子どももできた。ヨセフのおかげで、飢饉が来てもエジプトには食べ物がたくさんあった。

——故郷にいる家族は、どうなったか。飢饉のため食べ物に困った兄たちはエジプトまで買いに来た。びっくりしたのはヨセフで、なんとお兄さんたちと会うことに！　でもヨセフは、お兄さんたちをゆるした。そして、「私はヨセフですよ」と話した。

やがて、家族みんながエジプトに来て、ヨセフは大好きなお父さんのヤコブとも、もう一度会うことができたよ。

神さまは悪いことをよいことに変えてくださった——ヨセフは、110 歳でエジプトで死ぬまでずうーっと一生、神さまに感謝した。

ヨセフが出会った人びと

ポティファル [Potiphar]
エジプトでヨセフを買った人。宮廷の役人、侍従長。ヨセフを信頼して家のことをまかせる。

ポティファルの妻
ヨセフに♥。ヨセフが言うことをきかないので、うそをついてヨセフを牢屋に。

監守長
ヨセフを信じて、牢屋でヨセフがすべてのことをとりしきるようにした。

牢屋仲間の王さまの給仕役と料理役。給仕役はヨセフの夢の説き明かしで牢屋から出られたが、恩を忘れてしまう。

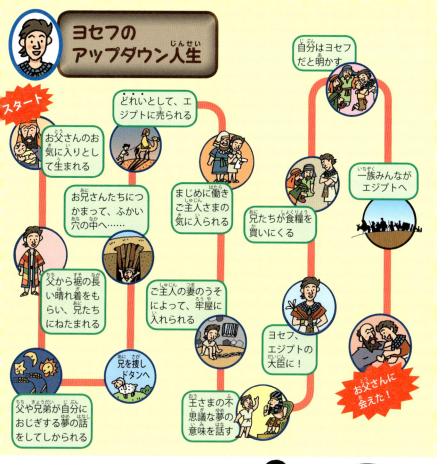

ヨセフのアップダウン人生

- スタート
- お父さんのお気に入りとして生まれる
- どれいとして、エジプトに売られる
- お兄さんたちにつかまって、ふかい穴の中へ……
- まじめに働きご主人さまの気に入られる
- 自分はヨセフだと明かす
- 一族みんながエジプトへ
- 兄たちが食糧を買いにくる
- 父から裾の長い晴れ着をもらい、兄たちにねたまれる
- ご主人の妻のうそによって、牢屋に入れられる
- ヨセフ、エジプトの大臣に！
- 兄を捜しドタンへ
- 父や兄弟が自分におじぎする夢の話をしてしかられる
- 王さまの不思議な夢の意味を話す
- お父さんに会えた！

ファラオ（エジプト王）[Pharaoh]
不思議な牛や穂の夢を見るが、誰にも意味がわからない。あれこれ思いなやむ。ヨセフに説明してもらって、万事解決！ ヨセフを大臣にする。

アセナト [Asenath]
オンの祭司ポティ・フェラの娘。ヨセフと結婚する。長男はマナセ、次男はエフライム。

ヨセフが王さまからもらった名前は、「ツァフェナト・パネア」[Zaphenath-paneah]。夢を説き明かして大臣に！

「7頭のよく育った雌牛は7年のこと。7つのよく実った穂も7年のことです。7頭のやせた、醜い7頭の雌牛も7年のことです。また、やせて干からびた7つの穂も同じで、これらは7年の飢饉のことです。今から7年間、エジプトの国全体に大豊作が訪れます。しかし、その後に7年間、飢饉が続き、エジプトの国に豊作があったことなど、忘れられてしまうでしょう」

ヤコブの息子たち（と孫）だよ、全員集合！

イスラエルの人びとは12部族に分かれる。みんなヤコブ（イスラエル）の子孫だ。民数記1章の兵役に就く家系を見ると、ルベン族、シメオン族、ガド族、ユダ族、イサカル族、ゼブルン族、エフライム族、マナセ族、ベニヤミン族、ダン族、アシェル族、ナフタリ族。あれ？　ヨセフでなくてヨセフの息子たちの名前になっているし、レビの名前がない。実はレビ族は、レビ人として神さまに仕える仕事をする、祭司という特別な人たちなんだ。ヨセフの息子たちは、ヤコブの養子になったんだね。

イスラエル十二部族

モーセ 1 水から引き上げられた赤ちゃん
登場するのは…出エジプト記 1〜2 章

パピルスの籠を用意し、……その中に男の子を入れ、ナイル河畔の葦の茂みの間に置いた。　　　　　（出エジプト記 2：3）

ヤコブと一緒にエジプトに行った子どもたち孫たちの数は、全部で 70 人。前からエジプトにいたヨセフの一家も含めて、イスラエルの人たちは、エジプトでどんどん増えていった。
やがて、ヨセフのことを知らない新しい王の時代になった。
すごい人数になったイスラエル人（ヘブライ人）を見て、新しい王は警戒した。へたをすると、エジプトをのっとられるかもしれない。そこで、どれいのように朝から晩まで働かせた。町づくり、粘土こね、レンガ焼き、大変な農作業……それでも、イスラエル人は減らなかった。そこで王は、「男の子は殺せ」と命令した。

ぼくはだれ？　モーセのなやみ

モーセも殺されるところだった。けれど、パピルスを編んだかごに入れられ、ナイル川の葦の茂みにそっと隠された。すると、水浴びに来たファラオの王女が見つけてくれたのだ。そして、隠れて見ていた姉の機転で、モーセは、王女の子どもとして、本当の家族と一緒に暮らすことができた。
ところが、モーセはなやむ。自分はヘブライ人？　それともエジプト人？　あるとき、仲間のヘブライ人を助けようとして、エジプト人を殺してしまう。エジプト人の中にもヘブライ人の中にもいられなくなったモーセは、遠いミディアン地方に逃げ出した。
モーセは羊飼いになった。祭司エトロの娘ツィポラと結婚、ゲルショム（「寄留者」という意味）とエリエゼル（「神は助けである」）という子どもも生まれた。エジプトのことは遠い出来事になった。
やがて、ファラオが死んだ。
でも、イスラエル人の苦しい日々は変わらなかった。「助けて！」──あまりの苦しさに、神さまの名前も忘れていたイスラエル人たちは、ただ叫び声をあげた。その声はたしかに神さまに届いた。

ファラオ
ヨセフを知らない王。イスラエル人を虐待。

次のファラオ
典型的な暴君。出エジプトをゆるさない。

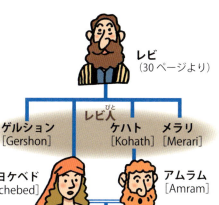

レビ（30ページより）

レビ人
- **ゲルション** [Gershon]
- **ケハト** [Kohath]
- **メラリ** [Merari]

ヨケベド [Jochebed] — **アムラム** [Amram]

アロン [Aaron]　**モーセ** [Moses]

ゲルショム／エリエゼル

ツィポラ [Zipporah]　親子

ミリアム [Miriam]
アロンとモーセの姉。女預言者と呼ばれる。イスラエル人たちが葦の海を無事に渡ったとき、小太鼓をたたき、踊って勝利の歌を歌った。弟のことで神さまに文句を言うという失敗も。

親子

モーセの兄。話すのが苦手な弟に代わり、神さまがモーセに語ったメッセージを、みんなに伝えた人。シナイの野で起こった「金の子牛事件」の張本人。

ファラオの王女
ナイル河畔の葦の茂みで赤ちゃんモーセを見つけた育ての親。

エトロ（レウエル） [Jethro/Reuel]
ミディアンの祭司。良いアドバイスもくれる賢い義父。モーセと信じる神さまは違うけれど、モーセの神さまに一緒に礼拝をささげてくれた。

モーセの命を救った人たち

シフラ [Shiphrah] と **プア** [Puah]
ヘブライ人の助産師たち。男の子は殺すように王から命令されるが、神さまを畏れ、とぼけて助ける。

モーセ2 神さまの民を約束の地へ

登場するのは…出エジプト記、民数記、申命記

叫び声が、今、わたしのもとに届いた。……わが民イスラエルの人々をエジプトから連れ出すのだ。　（出エジプト記3：9〜10）

ついにエジプトを出発！

いつものように羊を飼うモーセに、神さまは突然言われた。「さあ、行きなさい。わたしの民をエジプトから助け出しなさい」。モーセは兄アロンの助けを受けて、ファラオのもとに行く。王さま vs モーセとアロン。絶対不利に見える。でも、これは神さまがいてくださる闘いなのだ。どんな災いが起こってもファラオはガンコだった。でも、最後に、イスラエルの家を過ぎ越した大きな災いがエジプト人を襲い、ついにファラオも降参した（ユダヤ人は今も、この日を記念して「過越祭」を祝っているよ）。

イスラエルの人たちがエジプトに住んでいたのは430年だった。それから、神さまの約束の地を目ざして、荒れ野の旅は40年続く。旅の間、昼は雲の柱が、夜は火の柱が、みんなを導いた。

そして、次の世代へ…

旅の間、文句ばかり言っていたおとなたちは、約束の地に入ることはできなかった。そんな人たちの先頭に立って導いてきたモーセも、ピスガの頂から約束の地を見ただけだった。モーセはヨシュアにバトンタッチして、120歳で神さまのもとに帰った。

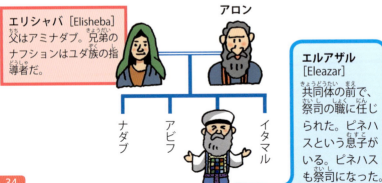

エリシャバ［Elisheba］
父はアミナダブ。兄弟のナフションはユダ族の指導者だ。

アロン

エルアザル［Eleazar］
共同体の前で、祭司の職に任じられた。ピネハスという息子がいる。ピネハスも祭司になった。

ナダブ　アビフ　イタマル

40年の荒れ野の旅

葦の海の出来事。ファラオの軍勢が追ってくるが、海がふたつに分かれて無事に渡れる。

モーセは神さまのご命令でネボ山に登り、約束の地を見た。

40年の荒れ野の旅は苦しかったけれど、着ているものは古びず足がはれることもなかった。

シンの荒れ野で人びとは食べ物がないと文句を言った。神さまは朝にマナを降らせた。夕方にはうずらの群れが飛んできた。

カデシュに行き、またエツヨン・ゲベルへ。長い荒れ野の旅が続く。

「のどがかわいた」とまた文句。神さまのお言葉に従って岩を打つと、岩から水が!

シナイ山でモーセが十戒をさずけられる。その間に、心配になった人たちが金の子牛を造っておがんでいた。

旅する共同体　「臨在の幕屋」を囲んで

旅の間、どのように進みどのように泊まるのか、神さまによって細かく決められていた。
真ん中に神さまの幕屋（テント）、それを運び、組み立てるのはレビ人の仕事だ。幕屋のまわりにはレビ人が泊まる。それから、イスラエルの人たちが、部族ごとに旗をかかげて泊まる。
進む時もユダのグループが先頭、次に幕屋、ルベンたちの隊、聖なる祭具、エフライムたち、ダンたちの順番になる。エジプトを出た次の年、神さまのご命令で行った人口調査では、レビ人を除く20歳以上の男の人は60万3550人だった。

方角	部隊名	指導者名	登録人数	旗のシンボル
東	ユダ◎	アミナダブの子ナフション	74,600	ライオン
	イサカル	ツアルの子ネタンエル	54,400	太陽と月、ロバ
	ゼブルン	ヘロンの子エリアブ	57,400	船
南	ルベン◎	シェデウルの子エリツル	46,500	恋なすび、水
	シメオン	ツリシャダイの子シェルミエル	59,300	シケムの町
	ガド	デウエルの子エルヤサフ	45,650	天幕
西	エフライム◎	アミフドの子エリシャマ	40,500	雄牛
	マナセ	ペダツルの子ガムリエル	32,200	野牛
	ベニヤミン	ギドオニの子アビダン	35,400	オオカミ
北	ダン◎	アミシャダイの子アヒエゼル	62,700	ヘビ
	アシェル	オクランの子パグイエル	41,500	オリーブの木
	ナフタリ	エナンの子アヒラ	53,400	雌鹿

◎は3部族で作る部隊の隊長

レビのシンボルは、祭司が身に付ける、宝石をはめこんだ胸当てだ。宝石はルビー、トパーズ、エメラルドなど12個。宝石の名前や並べ方は、出エジプト記28章17～20節に出てくるよ。

（北）

ナフタリ　ダン　アシェル

マナセ　　　　　　　　　　　　　　　ゼブルン

レビ人のメラリの氏族

エフライム　レビ人のゲルションの氏族　臨在の幕屋　モーセとアロン　ユダ

（東）

レビ人のケハトの氏族

ベニヤミン　シメオン　ルベン　ガド　イサカル

（南）

ベツァルエル [Bezalel]
工芸家。神さまから才能を与えられ、幕屋で使うものを美しく、豪華につくりあげた。ユダ族。

↑助手

オホリアブ [Oholiab]
ベツァルエルの助手。ダン族。必要な知識を与えられた他の人と共に働く。

約束の地は男のもの？

ここに出てくる名前は男の人ばかり。女性はどうなの？ マナセ族のツェロフハドには息子はなくマフラ、ノア、ホグラ、ミルカ、ティルツァと娘が5人。父が亡くなった後、息子がいなくても娘が土地をもらえるようにしてほしい、とお願いした。モーセが神さまに相談すると、神さまは娘たちも土地がもらえるようにしてくれたんだ。ツェロフハドは、ヨセフから数えると……6代目。昆孫って言うらしいよ。

ヨシュア　知恵の霊に満ちたモーセの後継者

登場するのは…民数記、申命記、ヨシュア記

わたしとわたしの家は主に仕えます。

(ヨシュア記 24：15)

ヨシュア［Joshua］（ヘブライ語の意味「神は救い」）

出身：　エフライム族の出身。父の名はヌン。

仕事：　モーセの忠実な従者。

本名：　ホシュア。「ヨシュア」はモーセが付けた名。

特徴：　モーセの後を受けて、みんなを約束の地に導いた勇気ある新リーダー。エジプトを出た20歳以上の人で、約束の地に入れたふたりのうちのひとり。旅の初めのころ、各部族代表の12人が約束の地に偵察に行った。作物も人間も超特大！　みんな尻込みしたが、ヨシュアとカレブだけが、神さまの約束を信じて進もうとした。110歳まで生きた。

一緒に約束の地へ

エリコをスパイさせる

ラハブ［Rahab］
神さまを信じて、エリコの町をスパイしにきたイスラエル人ふたりを自分の家に隠す。マタイ福音書の最初のイエスさまの系図にも、名前が出てくるよ。捜してみよう。

エリコの王さまからかくまう

武器はいらない！

イスラエルの人びとは、ヨシュアに導かれてヨルダン川を渡った。最初に見える大きな町はエリコ。とても古い町だ。高い城壁に囲まれている。でも、神さまのお言葉に従って、神の箱と一緒に毎日、町のまわりを1周した。7日目になると、7周した後に、角笛を吹き鳴らした。すると、エリコの城壁は崩れてしまった。こうして、神さまに導かれ、イスラエルの人びとは、それぞれの部族の領地、「安住の地」を与えられたんだ。

カレブ [Caleb]

出身： ユダ族の出身。父の名はエフネ。

特徴： ヨシュアと一緒に偵察から帰った後、怖がらずに神さまを信じようと、最初にモーセに勧めた。神さまに従い通したごほうびに約束の地のヘブロンをいただいた。娘のアクサはいとこのオトニエル（→ 40 ページ）と結婚して、ヘブロンの土地を引き継いだ。

十二部族の定住地

士師たち 1　危機の時代に立てられた人びと
登場するのは…士師記

> 主を知らず、主がイスラエルに行われた御業も知らない別の世代が興った。　　　　　　　　　　　　　　（士師記 2：10）

ヨシュアは110歳で死んだ。そして、一緒に旅をして、神さまの不思議なわざの数かずを知っていた長老たちも死んだ。
その人たちが生きている間、イスラエルの人たちは神さまを信じ、神さまに従った。けれど、その後に、神さまのことも、神さまがどんなに自分たちを大切にしてくださっていたかも知らない時代になった。そして、まわりの国の人びとが信じる神がみを礼拝するようになってしまった。
神さまの怒りが燃え、周囲の国ぐにがイスラエルをおそった。その助けを求める声に応えて、神さまは士師たちを送られた。
「士師」というのは、「治める」とか「裁く」という意味で、その時に必要な人を神さまが立ててくださったんだ。

オトニエル [Othniel]
ユダ族。カレブの弟ケナズの子。神さまの霊が臨み、最初の士師としてイスラエルを裁く。敵を打ち破り、40年は平穏に。

8年間アラム・ナハライム王クシャン・リシュアタイムが支配。

18年、モアブ王エグロンに占領される。王はとても太っていた。

刃渡り1ゴメドの諸刃の剣を作り、上着の下に隠して王に会った。

エフド [Ehud]
ベニヤミン族。ゲラの子。左利きだった。貢ぎ物を王に納めるふりをして、エグロンをしとめる。その後80年、平穏が続く。

シャムガル [Shamgar]
アナトの子。牛飼いの棒でペリシテ人と戦った。

ここは女性の大勝利！

デボラ [Deborah]
ラピドトの妻、女預言者。エフライム山地のなつめやしの木の下で裁きをしていた。神さまの言葉をバラクに伝える。勝利の後40年間、平穏が続く。

攻撃命令を伝える

20年にわたってカナンの王ヤビンが支配。鉄の戦車900両をもつ。

シセラ [Sisera]
ヤビンの将軍。すごい軍隊なので、負けるはずはないと自信たっぷり。

キション川で対決

神さまに軍隊を混乱させられ、命からがら逃げ出す。

バラク [Barak]
ナフタリ族。アビノアムの子。カナンの軍勢と戦うよう言われ、デボラに一緒に来てほしいと頼む。

7年間、ミディアン人が脅威に。

ギデオン登場！

ヤエル [Jael]
カイン人ヘベルの妻。戦いに負けたシセラが天幕に逃げ込んでくると、味方のふりをし、安心して眠らせる。その間に、シセラの頭に釘を打って殺す。

ギデオン [Gideon]
出身： マナセ族。オフラの住人。父はヨアシュ。家族の中ではいちばん年下。
別名： エルバアル。バアルの祭壇を壊したので、父が彼をそう呼んだ。
性格： とても慎重。ミディアン人にとられないよう、酒ぶねにかくれて小麦を打っていた。神さまの使いが現れてミディアン人と戦うよう伝えても、しるしを見るまで信じない。

神さまのご命令で、ギデオンはバアルの神殿を壊し、アシェラ像をたきぎにして宣戦布告！　ギデオンの下に集まってきた人びと3万人のうち精鋭300人を3つに分け、全員に角笛と松明を隠した空の水がめを持たせた。夜になると、角笛を吹き、松明をかざして敵陣を攻撃。大混乱におとしいれて勝利した。

士師たち2 もっとたくさんの人たち
登場するのは…士師記

そのころ、イスラエルには王がなく、それぞれ自分の目に正しいとすることを行っていた。　　　　　　　　　　（士師記 21：25）

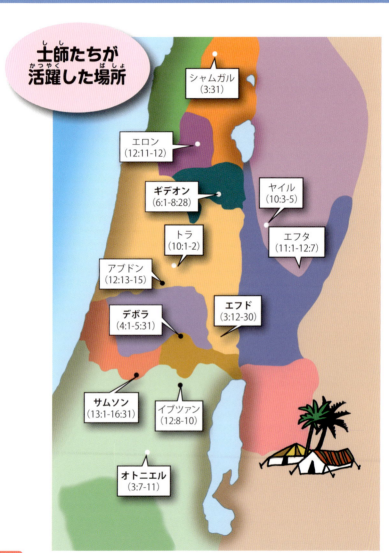

士師たちが活躍した場所

- シャムガル（3:31）
- エロン（12:11-12）
- ギデオン（6:1-8:28）
- ヤイル（10:3-5）
- トラ（10:1-2）
- エフタ（11:1-12:7）
- アブドン（12:13-15）
- デボラ（4:1-5:31）
- エフド（3:12-30）
- サムソン（13:1-16:31）
- イブツァン（12:8-10）
- オトニエル（3:7-11）

有名な怪力の持ち主といえば……

神さまに助けられても、やがてそれを忘れて神さまの怒りをかい、外国の支配が続く。士師の時代はその繰り返し。怪力の持ち主サムソンが生まれたのは、40年間ペリシテ人が力をふるっていたころだ。サムソンは、ナジル人として神さまにささげられた。

マノアの妻
神の使いから、男の子が生まれると知らされる。

マノア [Manoah]
ダン族。ツォルアの出身。子どもがいなかったが、神さまのために働く子どもを与えられる。

神の使いが教える 正しいナジル人の育て方
1 妊娠中は、ぶどう酒を飲まない。
2 けがれたものも食べない。
3 子どもの頭にかみそりを当てない。

サムソン [Samson]

怪力エピソード1
ライオンにおそわれたとき、神さまの力がくだり、ライオンを素手で真っ二つに！

デリラ [Delilah]

怪力エピソード3
敵が町の門で待ち伏せしていると、町の門の扉と門柱を引きぬき、肩にかついで山の上へ…

怪力エピソード2
新しい縄2本でしばられたが、縄を切り、ろばのあご骨を拾って1000人を打ち殺した。

サムソンの弱点は女の人。恋をしてはトラブルを起こす。ソレクの谷のデリラを好きになったが、デリラはペリシテ人の領主に言いくるめられ、サムソンの怪力の秘密が髪の毛にあることを聞き出す。サムソンは寝ている間にデリラに髪の毛7房をそられ、とうとう力を失ってつかまってしまった。でも、どれいのように働かされている間に髪が伸び、神さまに祈ったサムソンは、よみがえった力で人が大勢集まっている建物を崩して復讐をとげた。

ルツ　悲しみの旅人から喜びのみなもとへ

登場するのは…ルツ記

あなたの民はわたしの民　あなたの神はわたしの神。

(ルツ記 1：16)

士師たちの時代、大飢饉におそわれた国を離れ、エリメレクとナオミ、息子ふたりの4人家族は死海の向こうの国モアブへ。ところが家族が次々に死に、帰りはナオミひとり……ではなく、なんと息子と結婚したルツが一緒に。ルツはナオミのため一生けんめい働き、やがて親せきのボアズと結婚する。悲しみでいっぱいだったナオミの心は孫オベデによって喜びでいっぱいになった。

名前：	**ルツ** [Ruth]
出身地：	モアブ
夫：	最初の夫は死亡
仕事：	なし。畑で落ち穂ひろいをしている。
特徴：	親孝行。お母さんのためなら、遠い外国にだって移住する。お母さんの言うことはどんなことでも従う。

ルツの名前は、マタイによる福音書にも出てくる。なんとあのダビデ王のひいおばあさんなのだ。イエスさまが生まれたベツレヘムは、昔からずっと、ダビデ王の家の人たちが住んでいた町なんだよ。

ボアズと2度目の結婚

ダビデ　(→ 54 ページ)

エッサイ

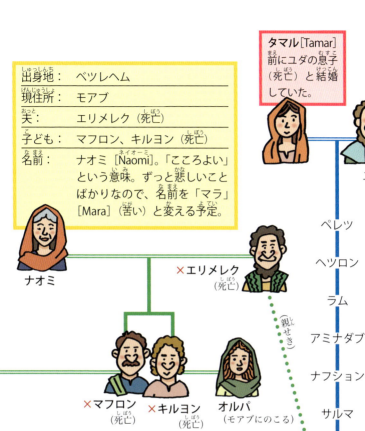

ヨブ 神さまとサタンのゲームに巻き込まれた悩める人のヒーロー

登場するのは…ヨブ記

わたしは知っている　わたしを贖う方は生きておられ
ついには塵の上に立たれるであろう。　（ヨブ記19：25）

ヨブは神さまに100％従って生きていた正しい人。
家族も、財産もたくさんあった東の国一番の大金持ちだった。
しかし、サタンの手により、大富豪から大貧民へ！

ヨブ［Job］

ヨブの妻
おっしゃることは、ごもっとも。子どもも、使用人も、家畜も、ほとんど奪われたヨブに、神を呪って死んだ方がましだと言う。子どもが死んでしまったのは、母親としても、とてもとてもつらかったはず。

サタン［Satan］
ヨブに災いをもたらす。神の使いが集まるところにやってくる。神はヨブをほめるが、サタンはヨブをテストするように神に勧め、あっさり認められたので、実行にうつしてしまう。

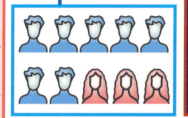

サタンが起こした大風により家が倒れ、宴会中だった7人の息子、3人の娘は全員死亡。盗賊や天災で財産もすべて失う。

それでもヨブは、こう言った。
「わたしは裸で母の胎を出た。裸でそこに帰ろう。主は与え、主は奪う。主の御名はほめたたえられよ」（1：21）
そこで、サタンが打った次の手とは……
うああ……頭のてっぺんから足の先までかゆくなる皮膚病に！
しかしなお、ヨブは言う。
「わたしたちは、神から幸福をいただいたのだから、不幸もいただこうではないか」（2：10）。……えらい！

エリファズ [Eliphaz]
テマン人。どん底に突き落とされたヨブの話を黙って聞いていたが、ついに口を開いてしまう。ヨブは神さまにとって正しい人であることには変わりがないよ、と励まそうとする。しかし最後には、ヨブは悪い人だということになってしまう。あれれ？

ヨブをなぐさめにきたけど、最後には責めてしまったお友だちのみなさん

ツォファル [Zophar]
ヨブが自分は正しいというので、いらいらして最後に口を開く。「口がうまければ、それで正しいと認めてもらえると思ってんの⁉」と厳しい。他のふたりの友だちと言っていることは同じ。

ビルダド [Bildad]
シュア人。ヨブの言っていることは風のように空しいと最初から言い切ってしまう。ヨブが変われば、神さまは良くしてくださるよとアドバイスする。

エリフ [Elihu]
突然3人に加わる謎の人物。

苦しむヨブの心は、それでも神さまから離れることがなかった。そして、とうとう神さまがヨブに語りかけた。ヨブは頭を低くして、神さまの大きな力を知った。神さまは、前の2倍の財産を与えてくださった。それから、7人の息子と3人の娘も。

ヨブが再び、幸せな生活に戻った後、生まれた娘たちの名前は、**エミマ**、**ケツイア**、**ケレン・プク**。でも、前の10人の子どもが戻ってきたわけではない。亡くなった3人の娘たち、7人の息子たちのことも、忘れないようにしたいな。

コラム

ヨブ記に登場する不思議な生き物

ヨブ記38章から、神さまがお造りになった世界や、そこに生きる動物たちが登場する。こんな不思議な生き物もいるよ。

レビヤタン [Leviathan]
（40：25〜41：26）

歯のまわりには殺気。背中は盾の列のよう。両眼は光を放ち、口からは火炎が噴き出し火の粉が飛び散る。鼻からは煙が！　海はたちまちるつぼに！　剣も槍も矢も投げ槍も突き刺せない。こん棒だってワラみたいなものらしい。どんな生き物なんだ!?
「誇り高い獣すべての上に君臨している」レビヤタン。生き物の王者ってことだね。

ベヘモット [Behemoth]
（40：15〜24）

「これこそ神の傑作」と評される。
牛のように草を食べるし、野のすべての獣は彼に戯れる、と優しいイメージだが、腰も腹筋もすごくがっしり。骨は青銅でできた管にたとえられている。
尾は杉の枝のようにたわんで、腿の筋は固く絡み合っている。川の水が押し流そうとしても、口に流れ込んでも動じず、ひるまない。そてつの木の下や浅瀬の葦の茂みにいるらしい。

第2部
正しく歩む道を求めて

サムエル 王国をつくった立役者

登場するのは…サムエル記上 1 〜 25, 28 章

どうぞお話しください。僕は聞いております。
(サムエル記上 3：10)

子どもがないハンナ。夫のエルカナには愛されていたが、とても悩んでいたので、シロの神殿で子どもを与えてくださいと祈った。子どもが生まれたら、その子を神にささげると約束する。こうして生まれたサムエルは、乳離れすると、神にささげられた。

サムエル [Samuel]	
名前の意味：	ヘブライ語で「彼の名は神」
出身：	エフライム族、ラマタイム・ツォフィムの生まれ
誕生：	ハンナとエルカナの子。子どものときにシロの神殿に預けられ神さまの声をきく
特徴：	神にささげられたので、士師サムソン同様、髪にかみそりを当てたことがない
装備：	油の入った壺または角（サウルとダビデに注ぐ）

エリ [Elie]
少年サムエルを預かった、シロの町の祭司。少年サムエルがはじめて神さまの声を聞いたとき、エリに呼ばれたと思ったけれど、それは神さまだと正しく教えてくれたんだ。

ホフニとピネハス エリの息子たち。シロの神殿で、神さまをさしおいてささげ物の肉をぶんどるなどひどいことをしたため、エリの家は神さまにのろわれてしまう。ペリシテ人との戦いに、神殿に安置されていた「神の箱」を持ち出したけどふたりとも戦死、箱まで奪われてしまう。エリもショックでいすから落ちて死んじゃった。

ペニナ

息子、娘たち

エルカナ [Elkanah]
サムエルのお父さん。ハンナとペニナの夫。子どもができないことで悩んでいたハンナを慰める優しい人。でも、ハンナは全然慰められていない。

ハンナ [Hannah]
神さまに祈りたおしたサムエルのお母さん。せっかくサムエルが生まれたのに、神殿にささげちゃっていいの？ 大丈夫、その後、男の子が3人、女の子がふたり生まれている。

サムエル

サムエルの弟・妹たち

アビヤとヨエル
サムエルには全然似なかったサムエルの息子たち。

サムエルは、だんだん年をとったので、息子たちに自分の仕事をまかせた。ところが、息子たちは、もらってはいけないお金をもらって正しくないことを正しいと言ったりしていた。
みんな困ってしまい、他の国のように王さまを立ててくださいとサムエルにお願いすることになる。

マグニフィカート

サムエル記上2章に出てくるハンナの祈りは、ずっと後の時代、新約聖書のルカによる福音書で天使ガブリエルから受胎告知を受けたマリアが歌う賛歌「マグニフィカート」（ルカ1:46〜55）とよく似ている。くらべてみよう。

サウル　イスラエル最初の王

登場するのは…サムエル記上9〜31章

主はサムエルに言われた。「彼らの声に従い、彼らに王を立てなさい。」　　　　　　　　　　　　　（サムエル記上8：22）

「よその国の侵略を防ぐには、王さまがいないと不安です！」
イスラエルの民にお願いされて、サムエルはしぶしぶ神さまに、イスラエルに王さまを与えるおゆるしをもらったんだ。
自由な民だったイスラエルの人びとは、このときから、王さまに税金をおさめたり、王さまの兵隊として戦争に出かける「王国」の国民になったんだ。「自由」と「安心」どっちを取るか……むずかしい問題だね。

サウル [Saul]

名前の意味：ヘブライ語で「請い願う」
出身：　ベニヤミン族、ギブアの生まれ
特徴：　ほかの人より肩から上の分だけ背が高い
王に選ばれた経緯：　くじびき
装備：　鉄の剣、槍（ダビデに投げる）、
　　　　水差し（ダビデに盗まれる）

最初の王さまとして、サムエルに油を注がれたのがベニヤミン族の青年サウルだ。
サウルはさっそくギレアドのヤベシュの町をナハシュの軍勢から救い出し、人びとに王さまとしてみとめられた。

アンモン王ナハシュ [Nahash]
ギレアドのヤベシュを攻めたけど、王になったばかりのサウルに撃退されたぞ。

ペリシテ人
イスラエル人が強くなるのを怖れて、鉄の道具を作らせなかったんだ。ケチ！

アマレク王アガグ [Agag]
サウルに命だけは助けてもらえるかな？と期待していたけど、サムエルに斬られちゃった。

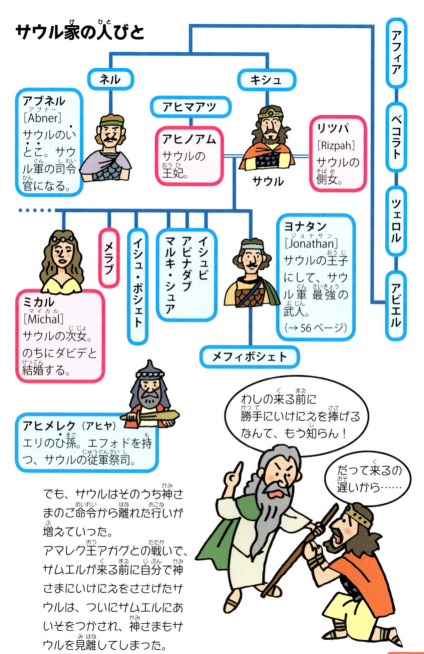

ダビデ1　イスラエル最大の英雄

登場するのは…サムエル記上 16 〜 17 章

「立って彼に油を注ぎなさい。これがその人だ。」

(サムエル記上 16：12)

サウルを王にしたことを後悔した神さまは、サムエルをベツレヘムにつかわし、ボアズの孫エッサイの末の息子ダビデを選び、油を注がせた。
神さまに見離され、悪霊に悩まされるサウルを慰めるため、竪琴の腕前を買われたダビデは、サウルの従者に取り立てられる。

(45 ページより)

ダビデ家の人びと

エッサイ [Jesse]

子ら：アビガイル、ツェルヤ、オツェム、ラダイ、ネタンエル、シムア、アビナダブ、シャンマ、エリアブ、ダビデ

ボアズ ― ルツ ― オベド

ダビデ

アマサ [Amasa]
のちにダビデ王の将軍になる。

ヨアブ、アビシャイ、アサエル
[Joab] [Abishai] [Asahel]
のちにダビデ王の将軍になる
3兄弟。これからも時々登場。

ヨナダブ [Jonadab]
(→ 64 ページ)

サウルに従ってペリシテ人との戦いに参加した、エリアブ、アビナダブ、シャンマの3人のお兄さんたち。
その陣中見舞いに行った少年ダビデは、エラの谷でイスラエル軍に一騎打ちをいどむ完全武装の大巨人ゴリアトに立ち向かい、なんと小石1発でやっつけてしまったぞ！

ゴリアト ［Goliath］

出身：	ペリシテの地ガト
身長：	6アンマ半（約3メートル）
装備：	青銅のかぶと、青銅のすね当て 青銅のよろい（5000シェケル＝約60kg） 青銅の槍（鉄の穂先は600シェケル＝約7kg） 盾＆盾持ちの従者 剣（ダビデにとられてノブの神殿に置かれる）

ダビデ ［David］

名前の意味：	ヘブライ語で「愛される者」
出身：	ユダ族エフラタ氏族、ベツレヘム生まれ
仕事：	羊飼い、サウルの小姓
特徴：	竪琴がうまい、石を投げれば百発百中！
王に選ばれた経緯：	神さまの声
装備：	竪琴、羊飼いの杖、石投げ紐、石×5つ

ダビデ2 王国内での台頭

登場するのは…サムエル記上 18～20 章

「サウルは千を討ち、ダビデは万を討った。」

(サムエル記上 18：7)

大巨人ゴリアトを倒し、一躍イスラエルの英雄になったダビデ。
サウルの王子ヨナタンとは熱い友情で結ばれ、王女ミカルをおよめさんにして、サウル王の親戚になったダビデは、続く戦争でも大手柄をあげ、王国の中でどんどん出世していった。

サウル
ミカル

ダビデ [David]
職業： サウル王家の武将
親友： ヨナタン
妻： ミカル
装備： 竪琴、ゴリアトの剣、
　　　 ヨナタンの装束、
　　　 ヨナタンの剣、
　　　 ヨナタンの弓、
　　　 ヨナタンの帯

ヨナタン [Jonathan]
名前の意味：
　　　ヘブライ語で「主は授けた」
誕生： サウルの長男
好物： ハチミツ
親友： ダビデ
装備： 鉄の剣、
　　　 槍（森のハチミツもすくえる)、
　　　 弓矢（ダビデとの暗号に使用）

でも、人びとがダビデの手柄をたたえ「サウルは千を討ち、ダビデは万を討った」と歌うのを聞いて、サウルはねたましくなった。そして人びとの人気だけでなく、いつか自分の王位までダビデに取られてしまうのではないかと思い込んだ。
サムエルもアマレクとの戦い以来二度とサウルに会ってくれなかった。神さまの声を聞くことができなくなったサウルは、もう不安でたまらない。ついにサウルはダビデを殺そうとする。

サウルは、琴を弾くダビデに槍を投げ、ダビデを戦士の長に任命して危険な戦地にたびたび送るなど、なんとかダビデをなきものにしようとした。

しかしダビデは槍をかわし、出陣すれば必ず勝ち、ますます名声をあげるので、サウルの怒りはよけいヒートアップ。もはや息子ヨナタンがどんなにダビデをとりなしても、耳に入らないありさまだ。

とうとうダビデをつかまえるよう命令が出たとヨナタンから聞いたダビデは、ミカルの手引きでサウルの王宮から逃げ出した。サウルの殺意が変わらないことを知ったダビデは、泣きながら親友ヨナタンと別れ、長い逃亡生活に入ったんだ。

ダビデの詩編①

「詩編」にはダビデの作という表題がついている詩がたくさん載っているよ。その中で、サウルの元から逃げているあいだ（サムエル記上21～31章）に作ったとされるのが、

- 詩編34（＝サムエル記上21:13～16参照）
- 詩編52（＝サムエル記上22:9）
- 詩編54（＝サムエル記上23:19）
- 詩編56（＝サムエル記上21:13～14）
- 詩編57（＝サムエル記上22:1）
- 詩編59（＝サムエル記上19:11～12）
- 詩編63（＝サムエル記上23～24章）
- 詩編142（＝サムエル記上22:1）

そして詩編18は、サムエル記下22章のダビデの詩とそっくりだよ。それぞれの情景を「詩編」と読みくらべてみよう。

ダビデの逃亡生活　サウルの追跡を逃れて

登場するのは…サムエル記上21〜31章

主が油を注がれた方に、わたしが手をかけることを主は決してお許しにならない。　　（サムエル記上26：11）

王宮から逃げ出したダビデは、サウルの追っ手を逃れ、部下と家族と600人の兵を連れてユダの荒れ野や洞窟を転々としていた。
その間、逆にサウルをたおすチャンスもあったけれど、ダビデは「神さまが選んだ王さまを殺してはいけない」とサウルに手を下さなかったんだ。
サウルはようやくダビデのまごころを知って追跡をやめたけど、ダビデはもうサウルの元には戻らなかった。

ダビデ家の人びと（ユダ逃亡時代）

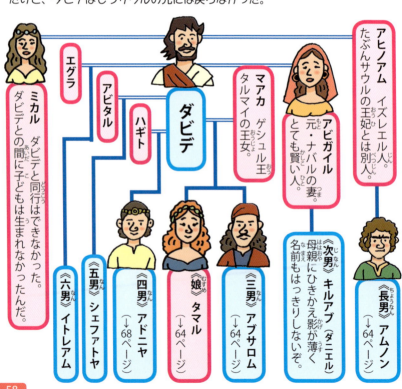

ミカル　ダビデと同行はできなかった。ダビデとの間に子どもは生まれなかったんだ。

エグラ

アビタル

ハギト

ダビデ

マアカ　ゲシュル王タルマイの王女。

アビガイル　元・ナバルの妻。とても賢い人。

アヒノアム　イズレエル人。たぶんサウルの王妃とは別人。

《六男》イトレアム

《五男》シェファトヤ

《四男》アドニヤ（→68ページ）

《娘》タマル（→64ページ）

《三男》アブサロム（→64ページ）

《次男》キルアブ（ダニエル）母親にひきかえ影が薄く名前もはっきりしないぞ。

《長男》アムノン（→64ページ）

ダビデの同行者

アビアタル[Abiathar]
祭司アヒメレクの子。サウルの虐殺を逃れてダビデに同行。

預言者ガド
ダビデおつきの預言者。

ヘト人アヒメレク
ダビデに同行した軍人。

ヨアブ、アビシャイ、アサエル
ダビデの姉妹ツェルヤの息子たちも、ダビデにつき従った。

アヒメレク[Ahimelech]
サウルの祭司だったけど、ダビデにパンとゴリアトの剣を渡したため、ノブの町ごとサウルにほろぼされる。

エドム人ドエグ[Doeg]
サウルの家臣。アヒメレクがダビデを助けたことをサウルに告げ口した。

エン・ドルの口寄せの女
サウルがお忍びでサムエルの霊を呼び出してもらったイタコ。

ガト王アキシュ[Achish]
ペリシテの王だけど、一時ダビデをかくまう。

サムエルの霊
亡くなってからもやっぱり許してはくれず、サウル親子がペリシテ軍に敗れると預言。

モアブ王 ダビデの両親をサウルからかくまってくれた。

サウル
このあとペリシテとの戦いに敗れ、ヨナタンら王子たちとともに討ち死にする。

ナバル[Nabal]　**アビガイル**[Abigail]
逃亡中のダビデをばかにして追い返した、がんこ者の金持ちナバル。怒ったダビデに一族みなごろしにされるところだったけど、妻アビガイルの機転のおかげで命拾い。でも後でそれを知ったナバルはショックで死んでしまう。

アマレク人
ダビデの留守中にツィクラグの町を攻め、妻たちをさらって行ったけど、帰ってきたダビデにボコボコにされたぞ。

ダビデ王誕生　ダビデの町エルサレム

登場するのは…サムエル記下1〜10章

王は王宮に住むようになり、主は周囲の敵をすべて退けて彼に安らぎをお与えになった。　（サムエル記下7：1）

サウル率いるイスラエル軍はギルボア山でペリシテ軍に大敗。ヨナタンはじめサウルの王子らは戦死、サウルも深手を負って自決した。ダビデはツィクラグからヘブロンに移り、自分の民族・ユダ族の王さまとして、残ったサウル王家の勢力と戦うことになる。

ギレアドのヤベシュの住民
アンモン王ナハシュから救われた恩を忘れず、戦死したサウル親子を埋葬してくれたよ。

弓の歌
ダビデはペリシテ人の王アキシュにかくまわれていたけれど、ギルボア山の戦いには参加せずにすみ、みずからサウルと戦うことだけはさけられた。
サウルとヨナタンの戦死のしらせを聞いたダビデが悲しみのあまり歌ったのが、「弓の歌」（サムエル記下1：19〜27）。ダビデがヨナタンとどれだけ仲良しだったかとてもよくわかるよ。

イシュ・ボシェト
[Ishbosete / Ishbaal　イシュバアル]
サウル王の四男。父や他の王子たちの戦死後、2年間だけ王さまになるけど家臣に暗殺される。

アブネル
イシュ・ボシェトを王さまに担ぎ、事実上、自分が権力をにぎる。ギブオンの戦いではツェルヤ3兄弟の末の弟アサエルをたおす。のちイシュ・ボシェトとケンカしてダビデと和平を結ぶけど、アサエルのかたきうちをねらっていた兄ヨアブに暗殺される。

レカブ&バアナ
イシュ・ボシェトの家臣だったがダビデに気に入られようと主人を裏切り暗殺。でもダビデに殺されるぞ。

メフィボシェト

[Mephibosheth]
ヨナタンの息子。足が不自由なせいかイシュ・ボシェトのように王さまとしてサウル派に担ぎ上げられなかった。父とダビデ王の友情のあかしに、王と一緒にごはんを食べる身分になったよ。

イシュ・ボシェトが死に、正式にイスラエル全体の王さまとなったダビデは、エルサレムを攻略、新しい都に定め「神の箱」を運び込んだ。そのときダビデは、エルサレムに神の箱を迎えて、うれしさのあまり王さまであることもわすれて喜び踊ったんだ。

ウザ [Uzzah]
神の箱を預かっていたキルヤト・エアリムの住人。エルサレムに移動する途中の神の箱にうっかりさわったせいで死んでしまう。かわいそう。

ミカル 神の箱を前にはしゃぐダビデを「王さまらしくない」とさげすんでしまった。

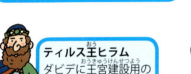

ティルス王ヒラム
ダビデに王宮建設用の資材を提供した。

預言者ナタン [Nathan]
エルサレムに神さまの神殿を建てようとするダビデに「まだ早い」と忠告する。

ハマト王トイ、王子ヨラム
アラム人の王ハダドエゼルと敵対していたのでダビデを応援する。敵の敵は味方！

アンモン王ナハシュの子ハヌン
父ナハシュの死におくやみを言いに来たダビデの使いを、ひげを半分そって服を下半分切り取って追い返したため、怒ったダビデにコテンパンにされたぞ。仲良くしないとダメだね。

「ダビデの町」

エルサレムは、もともとエブス人の支配していた町で、サウル王の都ギブア（ベニヤミン族の町）やダビデの拠点ヘブロン（ユダ族の町）のように、イスラエルの特定部族とのつながりはなかった。
王さまが自分の出身部族をひいきする政治から、イスラエル全部族をひとしくおさめる政治へ変わっていくシンボルが、エルサレムの町だったんだ。

バト・シェバ ダビデ痛恨のスキャンダル

登場するのは…サムエル記下 11 〜 12 章

わたしの咎をことごとく洗い 罪から清めてください。

（詩編 51：4）

優秀な家臣と多くの軍勢を手に入れ、自分で軍を率いる必要がなくなったダビデは、戦争中でも王宮にとどまるようになった。
でも、人間ヒマになるとろくなことをしない。ダビデは忠実な部下ウリヤが戦争に行っている間に、エルサレムで留守番していたその妻バト・シェバを見初め、あやまちをおかしてしまう。

バト・シェバ [Bathsheba]
名前の意味： ヘブライ語で「幸運の娘」
誕生： ダビデの軍師アヒトフェルの子エリアムの娘
家族： 夫・ウリヤ 子ども・なし
住居： エルサレム、ダビデの王宮の近所
趣味： 水浴び

ヘト人ウリヤ [Uriah]
バト・シェバの夫。「三十人」と呼ばれる、ダビデお抱えの勇士（→67ページ）のひとりだったのに……。

ヨアブ
ダビデの命令で、ウリヤを死に追いやってしまう。

ダビデはバト・シェバとのあやまちをごまかそうと小細工をするけれど、ウリヤのきまじめさのせいで失敗。
追い詰められたダビデはついに、むかし自分がサウルにされたようにウリヤを激戦地に送り、わざとウリヤを戦死させてしまった。

ダビデ家の人びととバト・シェバ

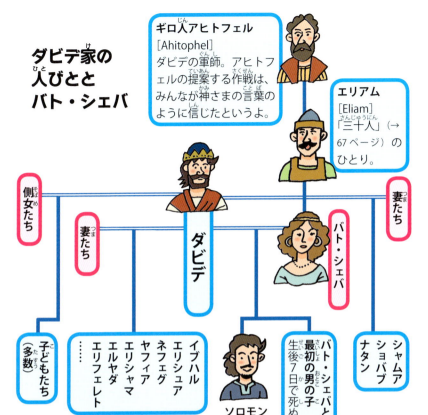

ギロ人アヒトフェル [Ahitophel]
ダビデの軍師。アヒトフェルの提案する作戦は、みんなが神さまの言葉のように信じたというよ。

エリアム [Eliam]
「三十人」（→67ページ）のひとり。

ダビデ — バト・シェバ

側女たち／妻たち／妻たち

子どもたち（多数）
イブハル
エリシュア
ネフェグ
ヤフィア
エリシャマ
エルヤダ
エリフェレト
……

ソロモン

バト・シェバとの最初の男の子　生後7日で死ぬ。

シャムア
ショバブ
ナタン

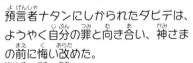

預言者ナタン
たとえ話を使って、ダビデに自分のしてしまったことを理解させた。

預言者ナタンにしかられたダビデは、ようやく自分の罪と向き合い、神さまの前に悔い改めた。
正式に妻に迎えられたバト・シェバとの間にその後生まれたソロモンは、ダビデのあとをつぎイスラエルの王さまになる。

ダビデの詩編②

ダビデがナタンにしかられ悔い改めたときに作ったとされる詩が詩編51。あまりに大きな罪をおかしたことをみとめて打ち砕かれ、罪にけがれた自分を神さまにきよめていただこうとへりくだるダビデの反省ぶりがよくわかるよ。

アブサロム　ダビデ最愛の息子の謀叛

登場するのは…サムエル記下 13～19 章

わたしの息子アブサロムよ、わたしがお前に代わって死ねばよかった。　　　　　　　　　　　　　　（サムエル記下 19：1）

ダビデの長男アムノンが、異母妹タマルをはずかしめたことからすべては始まった。タマルの兄、ダビデの三男アブサロムは、妹のかたきをうつべくチャンスをうかがい、ついにアムノンを殺すと、母マアカの実家、ゲシュル王タルマイの元に逃げていった。父ダビデ同様、ダビデのあとつぎも、女の人との問題でとんでもない罪をおかしてしまったんだ。

```
アブサロム［Absalom］
名前の意味：ヘブライ語で「父の平和」
誕生：ダビデの三男。母はマアカ。タマルの兄。
出身：ヘブロン生まれ
特徴：超イケメン。毎年 200 シェケル（約
　　　2.3kg）も伸びるフサフサの髪。でもその
　　　自慢の髪が命取りに……。
```

タマル［Tamar］ダビデの娘。母はマアカ。アムノンに優しくしたら……

アムノン［Amnon］ダビデの長男。母はアヒノアム。タマルに恋してひどいことをする。

ヨナダブ　ダビデのおい。いとこアムノンに悪知恵をさずけてしまう。

アムノンの死をあきらめた今、アブサロムこそがダビデにとって最も愛する息子となった。ダビデは数年後アブサロムをゆるす。
しかしアブサロムはとつぜん王を名乗り、ダビデを追い落とそうとエルサレムに進撃をはじめた。
ダビデはわずかな手勢と忠実な家臣たちを連れて、最愛のわが子に裏切られた悲しみに、泣きながらエルサレムをあとにした。

| ダビデ側の人びと | アブサロム側の人びと |

ガト人イタイ [Ittai]
ダビデの都落ちにつき従い、そのままダビデ軍の将軍のひとりに。

ヨアブ
ダビデ側の軍司令官。エフライムの森の決戦で、木の枝に髪がからまり宙吊りになったアブサロムにとどめを刺す。

アビシャイ
ヨアブの弟。もうひとりの将軍。

ツィバ [Ziba]
メフィボシェトの家来。逃亡中のダビデに食糧を援助しゴマをすった上に、主人の悪口までダビデに吹き込むぞ。

ギレアド人バルジライ [Barzillai]
マハナイムでダビデを経済的に援助した大富豪。

シムイ [Shimei]
サウルの一族。逃亡中のダビデたちにつきまとい悪口をあびせる。

アヒトフェル
バト・シェバの祖父。ダビデの軍師だったけど、アブサロム側に回ってダビデも大ショック。逃げたダビデをすぐ追いかけて討ち取るよう主張したけれど、フシャイのせいで採用されず、負けを悟ったのか自殺してしまう。

アマサ
ダビデのおい、ヨアブのいとこ。エフライム決戦時のアブサロム軍司令官。

・・・・・・・・・・・・・・・・

アルキ人フシャイ [Hushai]
ダビデの友人。アブサロムに取り入ったけど、実はダビデのスパイ。神さまの助けで、軍師アヒトフェルの作戦を不採用に追い込む。

アビアタルとツァドク
エルサレムの祭司。ダビデ側のスパイだ。アビアタルの息子ヨナタンとツァドクの息子アヒマアツもダビデ側の連絡員になる。

ぶじヨルダン川を渡り態勢を整えたダビデの軍勢は、エフライムの森で決戦をいどんできたアブサロムを打ちやぶった。
ダビデは将軍たちに「アブサロムを手荒には扱わないでくれ」とたのんでいたけど、アブサロムはヨアブに殺されてしまった。
「ああ、アブサロム、アブサロム」。
最愛の息子をうしない、ダビデは王の立場も何もかも忘れてなげき悲しんだんだ。せっかく勝った兵たちもしょんぼりだ。

ダビデの家臣たち
登場するのは…サムエル記下 8, 23 章、歴代誌上 11 章

ダビデは王として全イスラエルを支配し、その民すべてのために裁きと恵みの業を行った。　　（サムエル記下 8：15）

《軍司令官》アマサ　アブサロムの乱の後ゆるされ、ヨアブを押しのけ軍司令官になるけど、シェバの乱のどさくさにヨアブに暗殺される。

《軍司令官》ヨアブ　おじのダビデのためなら、暗殺・陰謀、汚れ仕事もなんでもやるぞ。いとこのアマサを殺して全軍の司令官に復帰。

ベナヤ［Benaiah］アロン一族の指導者ヨヤダの子。雪の日にライオンをやっつけた豪傑。クレタ人とペレティ人から成るダビデ護衛部隊を率いる。

《三勇士》
ハクモニ人イシュバアル［Josheb-basshebeth］
　三勇士のリーダー。槍の達人！
アホア人ドドの子エルアザル［Eleazar］
　剣の達人！
ハラリ人アゲの子シャンマ［Shammah］
　ペリシテの軍勢をひとりで相手にしたぞ！
アビシャイ　ヨアブの弟。槍が得意。「三勇士」を率いた将軍だ。

《祭司》ツァドク［Zadok］アヒトブの息子。先祖はアロンの三男エルアザル。いつの間にか出てきたけど、子孫はその後、神殿で一大派閥になる。

《祭司》アビアタル［Abiathar］祭司アヒメレクの息子。ダビデがサウルから逃げていたころから仕えてきた。先祖はアロンの四男イタマル。

《補佐官》ヨシャファト［Jehoshaphat］アヒルドの子。のちにソロモン政権でも補佐官をつとめるので、地味だけど優秀なお役人だったみたいだ。

《書記官》セラヤ、シェワ
《労役監督官》アドラム
《祭司》ヤイル人イラ
このへんも影が薄いぞ。

三十人と三勇士

ダビデがイスラエル人・外国人を問わず実力主義で集めた、すごく強い家来たちだよ。「三十人」というのはメンバーのだいたいの人数のことなので、数えると30人以上いるけど気にしないように。中でも、ペリシテ軍に占拠されていたダビデの故郷ベツレヘムの井戸から水をくんで帰るという大冒険をやってのけた3人は「三勇士」と呼ばれ、ダビデのおいアビシャイ直属の戦士として別格扱いされているよ。

《主な「三十人」》

アサエル
ヨアブ＆アビシャイの弟。

アサエル

アホア人ドドの子エルハナン
「三勇士」エルアザルの兄弟。

ベエロト人ナフライ
軍司令官ヨアブの武器を持つ勇者だ。

エルハナン

ギロ人エリアム
ダビデの軍師アヒトフェルの子。バト・シェバの父だ。

ヘト人ウリヤ
あのバト・シェバの夫ウリヤも「三十人」だったんだ。

ナフライ

その他の「三十人」：
シャンマ、エリカ、ヘレツ、イラ、アビエゼル、メブナイ、ツァルモン、マフライ、ヘレブ、イタイ、ベナヤ、ヒダイ、アビ・アルボン、アズマベト、エルヤフバ、ベネヤシェン、ヨナタン、アヒアム、エリフェレト、ヘツライ、パアライ、イグアル、バニ、ツェレク、ガレブ……

エリアム

ウリヤ

シェバ [Sheba]
ベニヤミン人ビクリの子。アブサロムの乱の直後の不安定な情勢につけこみ、ユダ族以外の10部族をだきこみダビデに反逆したけれど、ヨアブに鎮圧される。

アベルの知恵のある女
アベルの町を守るため、ヨアブに追われ町に逃げ込んだシェバの首を取ったぞ。

イシュビ・ベノブ、サフ、ゴリアト、24本指の巨人……
いずれもペリシテの名のある戦士たちだけど、みんなダビデの家来に討ち取られたぞ。

ソロモン　イスラエル王国の絶頂期
登場するのは…列王記上 1 〜 11 章

見よ、わたしはあなたの言葉に従って、今あなたに知恵に満ちた賢明な心を与える。
(列王記上 3：12)

ダビデにかわいがられすぎてわがままに育ってしまった四男アドニヤは、お父さんダビデの古くからの部下、将軍ヨアブと祭司アビアタルを味方につけ、勝手に王さまを名乗り出した。
でもダビデはバト・シェバとの子ソロモンに王位をゆずった。あわてたアドニヤはソロモンに降参、命だけは助けられたんだ。

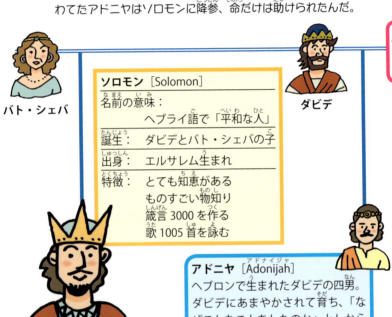

ソロモン [Solomon]
名前の意味：ヘブライ語で「平和な人」
誕生：ダビデとバト・シェバの子
出身：エルサレム生まれ
特徴：とても知恵がある
ものすごい物知り
箴言 3000 を作る
歌 1005 首を詠む

アドニヤ [Adonijah]
ヘブロンで生まれたダビデの四男。ダビデにあまやかされて育ち、「なぜこんなことをしたのか」としかられたことが一度もなかったんだ！

バト・シェバ　ダビデ　ハギト

しかしアドニヤはあきらめない。父ダビデが死んだあと、バト・シェバにたのんでダビデのおつきの少女アビシャグをおよめさんにして、ダビデのあとつぎであることをアピールしようとした。
怒ったソロモン王は、兄アドニヤを処刑。アドニヤにつき従ったダビデのふたりの旧臣も粛清されてしまった。

アビシャグ［Abishag］
シュネム生まれの美少女捕虜。おじいさんになったダビデを介護した。
ダビデの死後、アドニヤに気に入られるけれど、それがお家騒動に発展してしまう。

◎ソロモン王に追放・粛清された人たち

・**祭司アビアタル**
エリの孫の孫。ダビデに仕えてきたけど、アドニヤに味方したせいでアナトトへ追放される。

・**軍司令官ヨアブ**
ダビデに仕えてきたけど、アドニヤに味方したせいで、アブネルとアマサを殺した責任をいまごろ問われ、ソロモンに処刑される。

・**シムイ**
ダビデをのろったサウルの親族。ダビデは「殺さない」と約束したけど、ダビデの死後ソロモンにおとしいれられ処刑される。

◎ソロモン王に味方した人たち

・**祭司ツァドク**
・**将軍ベナヤ**
・**預言者ナタン**

この3人はソロモンを支持。ナタンはダビデの指示でソロモンに油を注ぎ、ソロモンこそ新しい王さまだと宣言した。
その後、アビアタル、ヨアブにかわりソロモンに重用される。

ソロモンの箴言

ソロモンは、「詩編」72と127、「箴言」「コヘレトの言葉」「雅歌」の作者とされている。作風がずいぶんちがうけど（特に「コヘレト」と「雅歌」）。ソロモン自身が作ったものだけでなく、作者のわからない詩や名言が、のちに「ソロモンの作」ということにされたものも少なくないらしい。実は「ダビデの詩編」にもそういう詩がいくつかあると言われている。でも、それらもダビデと同じような経験をした人たちが生んだ、神さまへの祈りに満ちた詩であり、たとえダビデ自身の詩じゃなくても、その価値は変わらない。「ソロモンの箴言」も、どれも大事な言葉なんだ。

ソロモンをとりまく人びと
登場するのは…列王記上 4〜10章

王の下した裁きを聞いて、イスラエルの人々は皆、王を畏れ敬うようになった。　　　　　　　　　　（列王記上 3：28）

神さまに「何がほしいか？」と問われたソロモンは、長生きでもお金でも敵の命でもなく、正しい王さまになれるよう「知恵」をくださいとお願いした。神さまは、ソロモンに知恵だけでなく、お願いしなかった他のものまでお与えくださったんだ。

ソロモン王の諸事業：
◎北はユーフラテス川から西はペリシテ、南はエジプト国境までの国々を支配
◎エルサレム神殿建築、神の箱を安置
◎王宮、ミロ、エルサレムの城壁、要塞ハツォル、メギド、ゲゼルを建設
◎オフィルに船団を送り黄金採掘
◎貿易振興
◎戦車、騎兵を常備
◎妻たちのため偶像の祭壇を築く

ティルス王ヒラム
ダビデに引きつづきソロモンとも友好関係を結び、エルサレム神殿の資材と技術者を送る。

工芸職人ヒラム
「柱」「海」「台車」「洗盤」などエルサレム神殿の青銅製品を作る。

シェバの女王
ソロモンの知恵のうわさを聞いて会いに来た南の国の女王さま。シェバは現在のエチオピアともイエメンとも言われている。

名裁き
ふたりの遊女が、ひとりの赤ちゃんを取り合って裁判を起こした。さて、どちらが本当の母親だろう。ソロモンは、神さまからいただいた知恵でみごと解決！　実は、日本でも江戸時代の「大岡裁き」として、よく似た話が伝わっているよ。

ソロモンの家臣たち

《祭司》ツァドク
アビアタル失脚後、ただひとりの祭司長に。息子アザルヤもソロモンおつきの祭司になる。

《書記官》エリホレフ＆アヒヤ
《補佐官》ヨシャファト
ダビデ政権に引きつづき補佐官に就任。
《知事の監督》ナタンの子アザルヤ
12人の知事をおさめる大臣だ。
《宮廷長》アヒシャル

《軍司令官》ベナヤ
ヨアブのかわりに軍司令官に出世。

《労役監督官》アドニラム（アドラム）
神殿建築も監督。次の王さまレハブアムにイスラエルの人びとが反抗したときに殺されてしまう。ソロモンの命令で人びとをこき使っていたので、よほどうらまれていたのかな。

王妃700人、側室300人
ソロモンは周辺諸国と縁を結ぶため、エジプトのファラオの娘をはじめ外国から大勢の妃をもらった。でも、これが偶像崇拝をイスラエルに広める原因になってしまった。
それはそれとして、いくら天才ソロモンでも1000人ものおよめさんの顔と名前を覚えていられたのかな？

ソロモン王の神殿建設工事には10万人の人夫と8万人の石工がかり出された。当時のカナンの人口が150万人ほどだとして、1割以上の人びとがこの大事業にかり出されたことに。これを支配するために、かなりの人数の監督が置かれたにちがいない。
建設された神殿の大きさは、奥行27m、幅9m、高さ13mという巨大なもの。それだけでなく、領土を広げるための徴兵や徴税など、人びとには多くの犠牲が求められ、不満はたまっていった。

エドム人ハダド [Hadad]
ダビデのエドム征伐の生き残り。エジプトに逃げていたけど、こわいダビデもヨアブも死んだと聞いてエドムに戻り、イスラエルを攻める。

ダマスコのレゾン [Rezon]
ダマスコ王ハダドエゼルがダビデに倒されたのちダマスコの支配者になり、ソロモン王国に攻めこむ。

ヤロブアム [Jeroboam] 預言者アヒヤに10部族の王になると預言される。当然ソロモンに目をつけられ逃亡、ソロモンが死ぬまでエジプト王シシャクの元に隠れていた。

南北王朝 イスラエル王国の分裂
登場するのは…列王記上 1〜11 章

> 王は民の願いを聞き入れなかった。こうなったのは主の計らいによる。　（列王記上 12：15）

ソロモン王のあとをついだ王子レハブアムは、偉大な父よりもっと自分をえらく見せたかったのか、ソロモン以上の重税を人びとに課した。そんなところで父親を超えなくてもいいのに。
ダビデゆかりのユダ族以外の人びとはとうとう不満爆発。ヤロブアムを王に担ぎ上げ、ダビデの王国は北と南に分かれてしまった。

レハブアム [Rehoboam]
ソロモンの子。母はアンモン人ナアマ。王国分裂のきっかけを作る。

ヤロブアム
神さまのみちびきに従って王国を分裂させたけど、勝手に偶像と祭壇を作り、自分も神さまから離れてしまった。

シシャク
ソロモンの妻の実家をほろぼし、エジプト王になる。レハブアムの時代にエルサレムに攻めてきて神殿の宝物を略奪していった。

だけど、人びとはあいかわらず南王国のダビデの町エルサレムの神殿に出かけ、いけにえをささげていた。
「このままでは、人びとはまたエルサレムのダビデ王家に戻ってしまうのではないか？」──心配になったヤロブアムは、かわりに金の子牛の偶像を王国の南のベテルと北のダンに置き、これを人びとにおがませた。
怒った神さまは、ヤロブアムの息子ナダブの代で、ヤロブアムの王家を絶やしてしまった。
これ以降、北イスラエル王国はたびたび王朝が交代する不安定な王国となる。
一方、南ユダ王国はダビデ王のすぐれた行いに免じて、さいごまでダビデの子孫によっておさめられることになる。

ダビデ王朝

②ソロモン［在位40年］

ヤロブアム王朝 2代

③レハブアム［在位17年］

❶ヤロブアム［在位22年］

❷ナダブ［在位2年］
バシャに殺される。

④アビヤム［在位3年］
すぐ死ぬ。

バシャ王朝 2代

⑤アサ［在位41年］
アビヤムの兄弟。治世後半はバシャとの間の戦争が絶えず、アラム王を買収して北王国を攻めさせたりした。晩年は足の病気に悩む。

❶バシャ［在位24年］
ユダ王アサやアラム王との戦いに終始する。

❷エラ［在位2年］
ジムリに殺される。

ジムリ 7日

❶ジムリ［在位7日！］
民の支持を得られずオムリに負け自殺。

アラム王 ベン・ハダド
南のユダ王国のアサ王に協力、北王国を攻める。

❶オムリ［在位12年］
ジムリがティルツァの王宮を燃やしたので、都をサマリアに移す。

⑥ヨシャファト［在位25年］
父アサとは対照的に、北王国のオムリ王朝と友好関係を結ぶ。

オムリ王朝 4代

❷アハブ［在位22年］

イゼベル

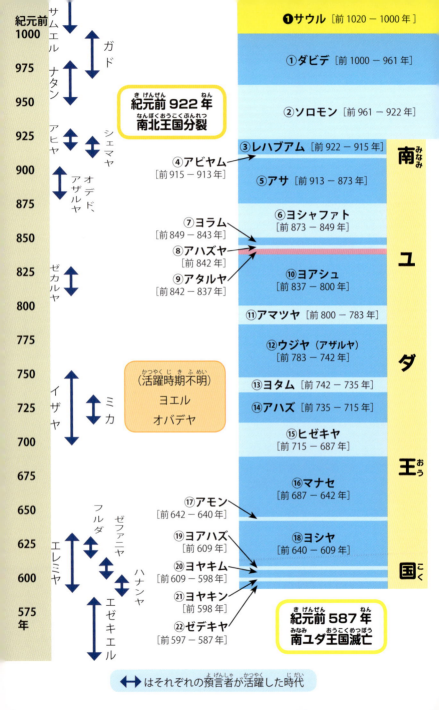

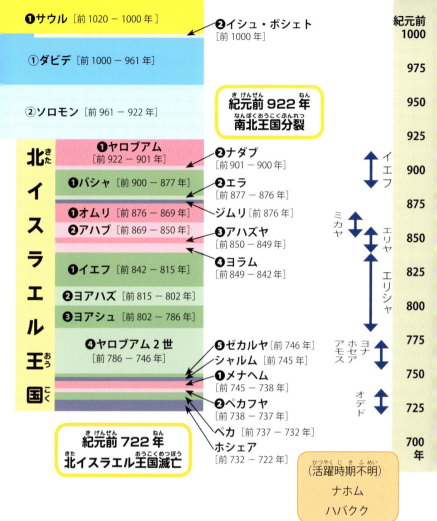

王国が順調なときは、父から子へまっすぐ王位が継承される。王朝が分断していたり継承の仕方がまっすぐじゃないのは、だいたい王国に何かがあったときだ。
南ユダ王国は、レハブアムから数えて300年あまりの間、アハズヤ王の母アタルヤが女王を名乗った一時期を除けば、一貫してダビデの子孫が王になっている。その一方、北イスラエル王国は200年の間に8回も王朝が交代しているよ。

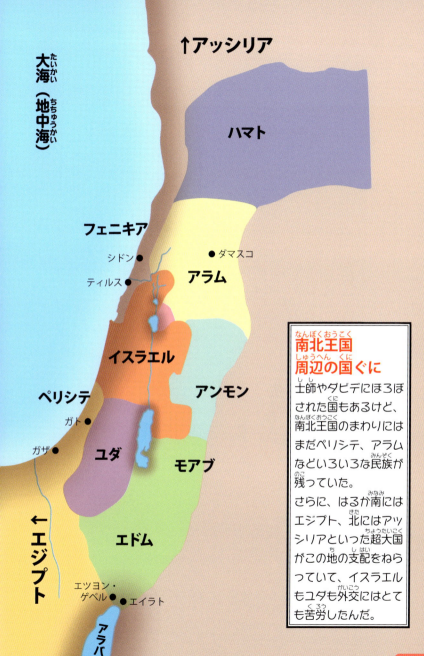

エリヤ　南北王国時代最大の預言者
登場するのは…列王記上17章〜下2章

わたしはイスラエルに七千人を残す。これは皆、バアルにひざまずかず、これに口づけしなかった者である。(列王記上19：18)

北イスラエル王国の王アハブは、妻に迎えたシドン王の娘イゼベルの影響で、首都サマリアにバアルの神殿を建てるなど、それまでのどの王にもまして熱心に偶像をおがみ、イスラエルの預言者たちのこともみなごろしにしてしまった。
まことの神さまをないがしろにするアハブとイゼベルの元につかわされたのが、ただひとり生き残った預言者エリヤだった。「イスラエルには数年の間、露も降りず、雨も降らないであろう」。王のもとから逃げ出したエリヤは、カラスの運ぶパンと肉で生きのび、サレプタのやもめの家にごやっかいになった。

エリヤ [Elijah]
名前の意味：　ヘブライ語で「主は神なり」
出身：　ギレアドのティシュベ
活動場所・時期：　北イスラエル王国、アハブ〜アハズヤの治世
養育者：　カラス、サレプタの母子家庭
得意技：　天から火を落とす
装備：　毛衣（ヨルダン川を割れる）、腰には革帯

エリヤの預言：
◎イスラエルには何年も雨が降らない
◎アハブの王家はほろび、王妃イゼベルはナボトが死んだ場所で犬に食べられる
　（※ただしアハブ王が悔い改めたので、「アハブが死んでから」に変更）
◎アハズヤ王は病気が治らず死ぬ

エリヤの奇跡：
◎カラスがパンと肉を持ってくる
◎サレプタのやもめの家の小麦粉と油を無限に増やす
◎やもめの息子を生き返らせる
◎カルメル山で火をつけずにいけにえを焼き尽くす
◎アハズヤ王の使者を焼き尽くす
◎上着でヨルダン川の水を割る
◎嵐に乗って天に上げられる

3年後エリヤはカルメル山でバアルの預言者450人、アシェラの預言者400人と対決。天から火を落として、火のないところで祭壇のいけにえを焼き尽くした。まことの神さまが勝った！……と思いきや、逆ギレしたイゼベルはエリヤを殺そうとした。またエリヤは逃げなければならなかった。

神さまのため働いてきたのに、仲間はみんな殺された、自分ももう死んでしまいたいとまで願ったエリヤ。

だけど、ホレブの山で神さまに「おまえは決してひとりぼっちではない」とはげまされ、弟子のエリシャとともに、また神さまの正義のため働きつづけたんだ。

その後エリヤは、モーセと並ぶ偉大な預言者として尊敬されるようになったよ。

アハブ❷ [Ahab]
娘アタルヤをユダのヨラム王子と結婚させるなど南北両国の友好につとめ、周辺諸国とも同盟を結び大国アッシリアを追い返した、実はやり手の王さまだったけど、そのぶん神さまに信頼することを忘れてしまった。聖書では、ヤロブアムよりもひどい史上最悪の王とされているよ。

イゼベル [Jezebel]
実家のバアル崇拝をサマリアに持ち込んだりひどいことばかりした。殺される直前「目に化粧をした」ことから、策略好きで厚かましく道徳心の低い女性を意味する「厚化粧のイゼベル（painted Jezebel）」という英語の表現が生まれたよ。

ヨシャファト⑥
南ユダ王国の王。アハブの娘アタルヤを王子ヨラムの妃に迎え、一緒にアラムを攻めるなど、北王国と仲良くした。でも、そのアタルヤが後にえらいことをしかすんだ。

ナボト [Nabouthai]
イズレエルの農夫。アハブに先祖伝来のぶどう畑をゆずれと無茶を言われて断ったので、イゼベルの陰謀で死刑にされる。「神さまからいただいた土地」という感覚が、外国人のイゼベルには理解できなかったらしい。

エリシャ　北王国のリーダー預言者
登場するのは…列王記上19章～下13章

彼はイスラエルに預言者がいることを知るでしょう。

(列王記下5：8)

師匠エリヤの仕事をうけついだのが預言者エリシャだ。奇跡は預言者最強クラス。戦を導き、病む人をいやし、貧しい人を助ける、北王国のスーパー預言者。遺骨さえ死者を生き返らせるぞ！

エリシャ　[Elisha]	
名前の意味：	ヘブライ語で「神は救った」
誕生：	アベル・メホラの農夫シャファトの子
活動場所・時期：	北イスラエル王国、ヨラム～ヨアシュの治世
師匠：	エリヤ
従者：	ゲハジ他数名
特徴：	はげ（言われるとものすごく怒るぞ）
装備：	エリヤの上着、腰に帯、杖

裕福じゃないやもめ
預言者だった夫が死に借金のカタに子どもたちをどれいに売られそうになったけど、家に残った油をエリシャに増やしてもらい、借金を返すことができたよ。

王の侍従 アラム軍に包囲され食糧の値段がものすごく上がったサマリアで、エリシャが「明日にはタダ同然に安くなる」と預言したけど信じなかった。翌朝預言が本当になり、狂喜乱舞する民に踏みつぶされて死んでしまう。

シュネムの裕福な婦人
エリシャの奇跡で息子が与えられる。さらに数年後、その息子が死ぬと生き返らせてもらう。

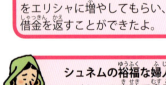

クマ エリシャを「はげ頭、のぼれ」とからかった悪ガキどもに襲いかかった。北海道のエゾヒグマと近い仲間・シリアヒグマらしいよ。

数え上げるときりがないエリシャの奇跡、中でもおそらく一番有名なのが「ナアマンのいやし」だ。

重い皮膚病に悩んでいたアラムの軍司令官ナアマンは、あるとき、イスラエル人の少女からエリシャのうわさを聞き、エリシャの家を訪れた。てっきりエリシャ自身がいやしてくれると思ったら「ヨルダン川で7回体を洗え」と言われただけ。あんなドブ川で水浴びして治るもんか、と最初は怒ったけど、ダメ元でやってみたらみごと完治！

エリシャの神さまだけが真の神さまだと信じたナアマンだけど、軍司令官の立場上、アラムの王さまがリモンの神殿を参拝する時は同行しないといけない。心ならず偶像にひれ伏してしまうことのゆるしを乞うナアマンに、エリシャは「安心して行きなさい」と言ってくれたんだ。

ナアマン［Naaman］
アラムの王につかえる軍司令官。

ゲハジ［Gehazi］ エリシャの従者。エリシャが受け取らなかったナアマンの贈り物をだまし取り、罰としてナアマンの皮膚病をうつされてしまう。8章にも登場するので、クビにまでなったわけではないみたいだよ。

エリシャの預言：
◎モアブをヨラム＆ヨシャファト＆エドム王の手に渡す
◎アラムの包囲が明日解ける
◎7年間の飢饉が来る
◎ハザエルがベン・ハダドにかわりアラムの王になる
◎イエフがイスラエルの王になる
◎ヨアシュ王はアラムを3回だけ撃ち破る

エリシャの奇跡：
◎エリヤの上着でヨルダン川の水を割る
◎水源を塩で清める
◎はげ頭をバカにした子どもにクマをけしかけ42人を引き裂く
◎戦場を水びたしにしてモアブ軍をだます
◎預言者のやもめの家の油を増やし、子どもが売られるのを防ぐ
◎シュネムの裕福な婦人に息子が生まれるようにする
◎その息子を生き返らせる
◎毒のうりが入った鍋に麦粉を入れて食べられるようにする
◎パン20個で100人が満腹
◎ナアマンの重い皮膚病をいやす
◎その皮膚病をゲハジにうつす
◎水に落ちた斧を浮き上がらせる
◎アラム軍の目をくらませサマリアにおびきよせ捕虜にする
◎エリシャの遺骨にさわった死体が生き返る

イエフ革命 北王国最長の王家

登場するのは…列王記下 9 〜 10 章

わたしはイゼベルの手にかかった……すべての主の僕たちの血の復讐をする。
(列王記下 9：7)

イスラエルの王になると預言されたイエフは、アハブの王家とバアルの祭司をほろぼすと、バアルの神殿もこわしてトイレにしてしまった。ごほうびに神さまは、イエフの子孫は 4 代にわたってイスラエルの王座につくと約束してくれたんだ（最後のゼカルヤ王は 6 か月しか在位しなかったけど）。イエフ王朝は 100 年近く続くことになる。

イエフ ［Jehu］
- 名前の意味： ヘブライ語で「主は彼なり」
- 誕生： ニムシの孫、ヨシャファトの子
- 主君： イスラエル王ヨラム
- 特徴： 馬車の乗り方が乱暴。英語でも猛スピードで走る運転手のことを jehu と言うよ。

アハズヤ ［Ahaziah］（南王国）⑧
アハブの孫にあたるせいか、おじのイスラエル王ヨラムの見舞いに行ったところを、ヨラムともどもイエフに殺される。

アタルヤ ［Athaliah］⑨

アハブの娘。イエフに対抗するため、ユダ王国の実権をにぎろうとしてダビデ王家みなごろしをたくらむ。やってることは一緒だ！　でもヨヤダに反乱を起こされ、最期は家来に殺される。

ヨアシュ ［Joash］⑩
アハズヤの子。おばヨシェバと祭司ヨヤダに救われ、祖母アタルヤの虐殺からただひとり逃れる。

祭司ヨヤダ ［Jehoiada］
ヨアシュをエルサレム神殿でかくまう。6 年後、ユダの女王になったアタルヤを打倒しヨアシュを王にする。

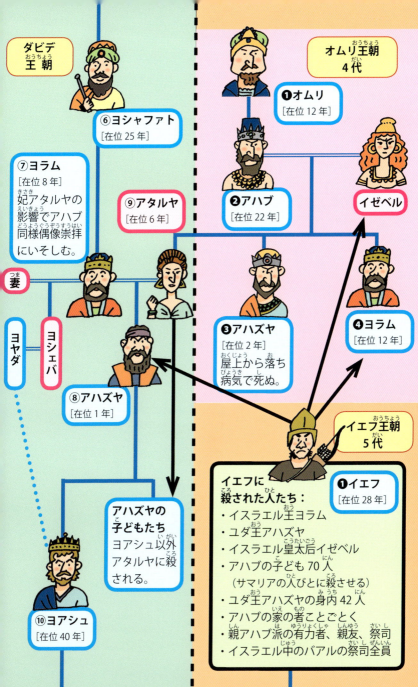

アッシリア襲来 北王国の滅亡

登場するのは…列王記下 13 〜 17 章

主はついに……預言者を通してお告げになっていたとおり、イスラエルを御前から退けられた。 (列王記下 17：23)

イエフ王朝のヨアシュ、ヤロブアムのもと、北イスラエル王国では数十年の繁栄がつづいた。けれどヤロブアムの死とほぼ時を同じくして超大国アッシリアが力を取り戻してきた。エジプトをめざし北から地中海沿岸に攻めてきたアッシリアは、やがて北王国をのみこんでいった。

プル（ティグラト・ピレセル）
北イスラエル王国を攻めたアッシリア王。メナヘム王から銀1000キカル（約34トン）をもらって、そのときは帰るけど、ペカ王の時代にまた攻めてきて北王国の領土の半分を奪ってしまう。

シャルマナサル その次のアッシリア王。エジプトに近づき貢ぎ物を送ってこなくなったホシェア王をとらえ、北王国をほろぼす。

ホシェア王の代、ついにサマリアは陥落。北王国のイスラエル人たちはアッシリアへ連れ去られ、それからどうなったかはわかっていない。
残った人びとは、アッシリアの命令で移住してきた外国人の風習に影響されながら、独自のしかたで神さまをうやまっていくようになった。

《そのころの南ユダ王国の王》

⑩ **ヨアシュ**
アタルヤの死後7歳で王になる。アラム王ハザエルに降参し神殿の財宝を献上。最後は家臣に殺される。

⑪ **アマツヤ**
わりといい王だったけど、エドムに大勝した勢いで北の王ヨアシュと戦い惨敗。十数年後家来に殺される。

⑫ **ウジヤ（アザルヤ）**
わりといい王さまだった。晩年は皮膚病になり、王子のヨタムがかわりに政治をする。

⑬ **ヨタム**
アマツヤ、ウジヤ同様わりといい王さまだった。

⑭ **アハズ**
偶像崇拝を再開。アッシリア王に神殿の財宝を贈り、アラムと北王国を攻めさせる。

⑩ ヨアシュ [在位40年]

ダビデ王朝

⑪ アマツヤ [在位29年]

❷ヨアハズ [在位17年]
アラム王の襲来で町をいくつも奪われてしまう。

❸ヨアシュ [在位16年]
ユダの王アマツヤを返り討ちにし、エルサレムを略奪。ヨアハズ時代に奪われた町々もアラムから取り返すけど、預言者エリシャには「3回しかアラムに勝てない」と預言されていたんだ。

❹ヤロブアム2世 [在位41年]
北のダマスコ、ハマトを取り返し、南は死海まで領土を回復した。ネバトの子ヤロブアムとは無関係。

イェフ王朝 5代

⑫ ウジヤ (アザルヤ) [在位52年]

❺ゼカルヤ [在位6か月]
シャルムに殺される。

シャルム [在位1か月]
メナヘムに討たれる。

シャルム 1か月

⑬ ヨタム [在位16年]

❶メナヘム [在位10年]
プルに多額の銀を貢ぐ。
❷ペカフヤ [在位2年]
侍従ペカに殺される。

メナヘム王朝 2代

ペカ [在位20年]
アラム王と組みユダを攻めたりしたが、また謀叛で死亡。

ペカ 20年

⑭ アハズ [在位16年]

ホシェア [在位9年]
エジプトに頼ってアッシリアの支配から抜け出そうとしたけど失敗。

⑮ ヒゼキヤ [在位29年]

北イスラエル王国滅亡

預言者たち1　イスラエルの小預言者たち

登場するのは…列王記上～下、ホセア書、アモス書、ヨナ書

イスラエルよ、立ち帰れ　あなたの神、主のもとへ。

(ホセア書14：2)

預言者（「先見者」とも言う）とは神さまの言葉をあずかり、人びとに伝える人のこと。エリヤやエリシャなど聖書に名前が出てきたり、預言書を書き残している有名な預言者のほかにも、主の霊を受けて「異言」をしゃべる無名の預言者たちの一団もいた。

ホセア ［Hosea］ (ホジア)

- **名前の意味：** ヘブライ語で「主が助けた」
- **誕生：** ベエリの子
- **活動場所・時期：** 北王国、ヤロブアム2世の治世
- **家族：** 妻ゴメル、長男イズレエル（「神が種を蒔く」の意味）、長女ロ・ルハマ（「憐れまれぬ者」）、次男ロ・アンミ（「わが民でない者」）
- **特徴：** 自分の妻ゴメルの浮気をゆるした体験から、神さまも人びとが偶像崇拝から立ち返れば愛と憐れみでゆるしてくださると説いた。

アモス ［Amos］ (エイモス)

- **名前の意味：** ヘブライ語で「担われた者」
- **誕生：** テコア出身
- **活動場所・時期：** 北王国、ヤロブアム2世の治世
- **元の職業：** 家畜を飼い、いちじく桑を栽培
- **特徴：** 繁栄する北王国にあって、その片隅でしいたげられている弱く貧しい人たちを公正に扱うよう訴えた。

預言者の仕事って……？

預言者は神さまから人びとや時の権力者のもとにつかわされ、そのまちがった行いを明らかにして、神さまのみこころに立ち返るようつたえるのが仕事なんだ。

でも、自分のまちがいをすなおに「ごめんなさい」とみとめるのはだれでもむずかしい。

預言者はしばしば人びとからきらわれた。

ましてや王さまとか身分の高い人たちは、よけい自分のまちがいをみとめられず、逆に預言者を牢屋へ入れたり、殺してしまうこともよくあった。預言者は、命がけのつとめだったんだ。ヨナみたいに逃げ出したくなるのもわかるね。

その一方で、神さまの声も聞こえてないのに、人びとや王さまに気に入られようと、みんなの耳に心地よいにせの預言をかたる、「にせ預言者」もいっぱいいたんだ。こまったもんだね。

ここでは、「12小預言書」と呼ばれる預言書を残した預言者たちを紹介するよ。まずは北イスラエル王国で活動した、ホセア、アモス、ヨナの3人だ。

ヨナ [Jona]

名前の意味： ヘブライ語で「鳩」

誕生： アミタイの子

活動場所・時期： 北王国とニネベ、ヤロブアム2世の治世

家族： 不明

特徴： 「ヨナ書」の大魚にのまれた物語でとても有名だけど、列王記にも登場し、ヤロブアムがハマト（ダマスコの北）からアラバ（死海の沿岸）まで支配することを預言している。

預言者たち 2 ユダの小預言者たち

登場するのは…列王記下、ヨエル書、オバデヤ書、ミカ〜マラキ書

主の御名を呼ぶ者は皆、救われる。　（ヨエル書3：5）

ミカ ［Micah］

名前の意味：　ヘブライ語で「誰が主のようであろうか」

誕生・家族構成：　ユダのモレシェト出身、家族不明

活動場所・時期：　南王国、ヨタム〜ヒゼキヤ王の治世

特徴：　サマリア（北王国）に次いでエルサレム（南王国）もほろびることを預言。「ベツレヘムのユダ族から新たにイスラエルの指導者が現れる」という預言はマタイ福音書2章にも引用されている。

ナホム ［Nahum］

名前の意味：　ヘブライ語で、「慰める者」

誕生・家族構成：　エルコシュ出身、家族不明

活動場所・時期：　南王国、ニネベ陥落直前

特徴：　ヨナの預言によって、そのときは心から悔い改めたもののまた堕落してしまったニネベ（アッシリア）に滅亡を宣告する。

ハバクク ［Habakkuk］

名前の意味：　不明

誕生・家族構成：　不明

活動場所・時期：　南王国末期

特徴：　南ユダ王国の罪をこらしめるため、神が「カルデア人」（バビロニア）を起こされたこと、そのカルデア人も高慢のためほろぼされることを告げた。

ゼファニヤ ［Zephaniah］

名前の意味：　ヘブライ語で「主が保護した」

誕生・家族構成：　不明

活動場所・時期：　南王国、ヨシヤ王の改革が始まる前

特徴：　神さまから離れたエルサレムの人びとと、神さまをあなどる周辺諸国に対し、神の怒りとさばきがくだることを預言。

オバデヤ ［Obadiah］

名前の意味： ヘブライ語で「主の僕」

出身・家族構成： 不明

活動場所・時期： 南王国、王国滅亡の直後

特徴： 王国滅亡のどさくさにまぎれてユダに攻めてきた「エサウ」（＝エドム）に対する神のさばきを語った。

ヨエル ［Joel］

名前の意味： ヘブライ語で「主は神なり」

誕生： ペトエルの子

活動場所・時期： 南王国エルサレム、時期不明

特徴： 使徒言行録2章でペトロが引用した、終わりの時の「神の霊」の降臨を預言。

ここまでは南ユダ王国で活動した6人を紹介した。
ユダにもイザヤやエレミヤたち多くの預言者がつかわされたけど、
その活動もむなしく、やがて南王国もバビロニアにほろぼされ、
ユダの人びとはバビロンへ連れ去られる（バビロン捕囚）。
そして数十年後、人びとがエルサレムへ帰れることになったとき、
ふたたび預言者たちがつかわされ、人びとがもう二度と神さまから離れないようにと、神さまの声を伝えたんだ。
下の3人は捕囚から解放された後に活躍した預言者だよ。

ハガイ ［Haggai］
ゼカリヤ ［Zechariah］

名前の意味： ヘブライ語で「祭りの日に生まれた」と「主は覚えておられた」

活動場所・時期： エルサレム、ペルシア王ダレイオスの第2年

特徴： バビロニアにこわされたエルサレム神殿を再建するようすすめた。ゼカリヤは新しい王さまがロバに乗ってエルサレムにやってくることを預言。

マラキ ［Malachi］

名前の意味： ヘブライ語で「主の使者」

活動場所・時期： 神殿再建後のエルサレム、エズラ（→96ページ）の宗教改革直前

特徴： 将来おとずれる審判の日と、その前にエリヤのような預言者が現れることを預言した。

ヒゼキヤとイザヤ
主を求める王と預言者

登場するのは…列王記下 18 〜 20 章、イザヤ書

「わたしがここにおります。わたしを遣わしてください。」
(イザヤ書 6：8)

⑭ アハズ ［在位 16 年］

ヒゼキヤは主にとても強く信頼して「その後ユダのすべての王の中で彼のような王はなく、また彼の前にもなかった」（列王記下 18：5）と言われるほどすぐれた王だった。大国アッシリアが攻め上ったときにも、イザヤに「祈ってほしい」と言って、神さまに助けを求めて、アッシリアから守っていただいた。

ヒゼキヤ ［Hezekiah］ ⑮

- 名前の意味： ヘブライ語で「主は私の力」
- 職業： 南ユダ王国の王
- 誕生： エルサレム、アハズ王の子
- 即位： 25 歳で即位、在位 29 年
- 王子： マナセ
- 装備： アハズの日時計

⑯ マナセ ［在位 55 年］
アッシリアに貢ぎ物を贈りつづけ外交的には安定していたけど、ヒゼキヤがやめたはずの偶像崇拝に立ち戻り、南の王の中では最悪の評価。

⑰ アモン ［在位 2 年］
評価は低い。すぐ家臣に殺され、8 歳の王子ヨシヤが王さまになる。

あるときヒゼキヤは病のため死にそうになり、イザヤから「家族に遺言をしなさい」と言われてしまう。それでもヒゼキヤは涙ながらに祈り、その祈りが聞き入れられて、「干しいちじく」でいやされて不思議に快復した。
ただ、うれしくて調子に乗ったヒゼキヤは、別の大国バビロニアの使いに、宝の倉を全部見せてしまう。やがて、ヒゼキヤの死後、南王国ユダはバビロニアにほろぼされ、宝の倉の中身も全部もっていかれてしまう。調子に乗りすぎるのは要注意だね。

イザヤは、ウジヤ王の死んだ年（紀元前740年）に預言者としての召命を受けた。偉大な王が死んで、人びとが不安になり、まわりの大国（エジプト、アッシリア）に頼ろうとしたときに、まことの神にのみ頼るように語った。王の怒りにあうことがあっても、人を恐れないで神さまの言葉を語りつづけた。イザヤに与えられた信仰は、やがて救い主イエスさまの誕生へとつながっていくよ。

イザヤの名前は「主は救い」という意味。有名な、救い主の預言を伝えたのも、イザヤだよ。「見よ、おとめが身ごもって、男の子を産み、その名をインマヌエルと呼ぶ」（イザヤ書7：14）。

私たちも、イエスさまは私の救い主、と伝えていきたいね。

イザヤ [Isaiah] アイザイア

名前の意味：
　ヘブライ語で「主は救い」

職業：　預言者

父親：　アモツ

活動場所・時期：　エルサレム、
　ウジヤ王の死んだ年〜
　ヒゼキヤ王の治世

特徴：　エリシャ並みに活動時期が長い。

センナケリブ
ヒゼキヤ王の時代ユダに攻めてきたアッシリア王。

ラブ・シャケ　センナケリブの将軍。エルサレムの一般の人びとにも聞こえるように、わざとヘブライ語で降参しろと呼びかけた語学堪能ないじわる。

メロダク・バルアダン
ヒゼキヤに使いを出したバビロニア王。

3人のイザヤ？

イザヤはユダ王国がバビロニアにほろぼされることを預言したけど、「イザヤ書」の後半40章以降には、そのバビロニアも滅亡するという預言がしるされている。ずいぶん気が早いけど、この部分はユダ王国が滅亡した後の時代に、もうふたりいた別の「イザヤ」が書いたものらしいよ。

ヨシヤとエレミヤ　ダビデ王朝の落日

登場するのは…列王記下 22 〜 23 章、エレミヤ書

見よ、わたしはユダの王が読んだこの書のすべての言葉のとおりに、この所とその住民に災いをくだす。（列王記下 22：16）

ヨシヤ [Josiah]（ジョサイア） ⑱
- 名前の意味：ヘブライ語で「主は助ける」
- 職業：　8 歳で南ユダ王国の王に、在位 31 年
- 誕生：　エルサレム、アモン王の子
- 王子：　ヨアハズ、ヨヤキム、ゼデキヤ
- 装備：　律法の書

⑰アモン [在位 2 年]

ゼブダ　　ハムタル

いい意味で父王に似なかったヨシヤ。王さまになってから 18 年目、エルサレム神殿の修理中に見つかった「律法の書」を読んだヨシヤは、国中の偶像を徹底的に排除。ヨシヤ王は聖書ではダビデ以来最もいい王さまとして、最高の評価を受けている。でもその 13 年後（紀元前 609 年）、メギドでエジプト王ネコに負け戦死。宗教改革も道なかばで終わってしまったんだ。

⑳ヨヤキム（エルヤキム）[在位 11 年]
ヨアハズの異母兄、25 歳で王に。エジプトを破ったバビロニアに服従したけど 3 年後反逆。こてんぱんにされる。

㉑ヨヤキン（エコンヤ）[在位 3 か月]
18 歳で王になるとすぐバビロニアに降伏。紀元前 598 年、母や王妃、貴族らとバビロンへ連行され（第一次バビロン捕囚）37 年後ようやく解放される。

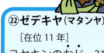

㉒ゼデキヤ（マタンヤ）
[在位 11 年]
ヨヤキンのおじ。21 歳で王に。エレミヤに止められたのにバビロニアに反逆し、ついに紀元前 587 年、南王国滅亡・バビロン捕囚。

⑲ヨアハズ
（シャルム）
[在位 3 か月]
23 歳で王に。エジプトに捕まりハマトのリブラに幽閉される。

預言者エレミヤは、ヨシヤの改革に期待していた。しかし、ヨシヤが死ぬと南ユダ王国は、北の新興国バビロニアとそれをじゃましようとする南のエジプト、二大超大国の争いに巻き込まれ、一気に滅亡への道をころがり始めた。

あとつぎの王たちは、その時その時の国際情勢に振り回され、エレミヤが伝える神さまの言葉に聞く耳を持たず、耳に心地よいにせ預言者の言葉を受け入れ判断を誤った。ついにゼデキヤ王の時代、バビロニアに反逆したユダはあっけなくほろぼされた。

「偶像をおがまなくなったせいでユダはほろびたのだ」と言う人びとに、エレミヤは反論した。「神さまに聞き従わなかったから、ユダは一度ほろぼされたのだ」。

預言を聞いてもらえず、ユダの滅亡を見届けなければならなかった悲しみの預言者は、捕囚の民に向け、エルサレムに帰れる日までバビロンの地で生き抜くよう書き送ったのを最後に、エジプトで消息を絶った。

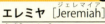

エレミヤ [Jeremiah]

名前の意味：
　　ヘブライ語で「主は築く」
生地： アナトト
職業： 預言者
活動場所・時期： エルサレム
　〜エジプト、ヨシヤ王の治世
　〜南ユダ王国滅亡まで
書記： バルク

バルク [Baruch] エレミヤの語る預言を書きとめ王の前で朗読した書記官。でもヨヤキム王は預言の書を破り、燃やしてしまった。

ネコ [Necho] **2世**
エジプト王。バビロニアに攻められたアッシリアを助けるため北上、その途中メギドでヨシヤを倒す。

ネブカドネツァル [Nebuchadnezzar]
2世（ネブカドレツァル）
ユダ王国をほろぼし人びとを捕囚へ連れ去った、バビロニア最盛期の王。

ゲダルヤ
バビロニアから派遣されたユダヤ総督。エレミヤのことも保護していたけど、ユダの王族に殺されてしまった。

エゼキエル バビロン捕囚後のまぼろし

登場するのは…エゼキエル書

これらの骨に向かって、主なる神はこう言われる。見よ、わたしはお前たちの中に霊を吹き込む。　（エゼキエル書37:5）

エゼキエル [Ezekiel]	
名前の意味：	ヘブライ語で「神は強める」
父親：	祭司ブジ
生地：	エルサレム？
活動場所・時期：	バビロン、第一次バビロン捕囚の5〜30年目
家族：	妻（エルサレムが陥落するころ死んでしまった）

祭司の子エゼキエルはヨヤキン王ら貴族とともに最初のバビロン捕囚となった。

やがてエゼキエルは預言者として召命され、バビロンで数々のまぼろしを見る。それは、いつかイスラエルの子らが帰り、新たに建てるであろうエルサレムの都と、ソロモンの神殿よりもはるかに巨大な神殿のまぼろしだった。

ラファエロ作
「エゼキエルの幻視」（1510年ごろ）
（左下の片すみにいるのがエゼキエルだよ）

エビル・メロダク
ネブカドネツァルの息子。バビロニア王になると捕囚されていたユダのヨヤキン王を釈放し、年金まで与えた。

さすがのバビロニアの勢いも、ネブカドネツァル2世が死ぬと少しずつおとろえ、20年ほどで東の新興国ペルシアにほろぼされてしまった。

ペルシアはバビロニア（現在のイラク～シリア・パレスチナ）のみならずメディア（現在のイラン～パキスタン）、リディア（現在のトルコ）も征服。やがてエジプトまで広がる、これまでだれも作ったことがない大帝国になっていった。

多くの国ぐにをのみこみ、多くの民族が共存することになったペルシア。各地の民族がペルシア人の支配に不満を持ち反乱が起きるのをふせぐため、ペルシア王キュロスは、アッシリアやバビロニアのように単に武力でおさえつけるだけでなく、各民族独自の宗教・文化をだいじにする政策をとった。

もちろん、民族ごと捕虜にして住民をまるまる入れ替えるなんてむちゃなことはもうやめだ。バビロニアに捕囚されていた民族は解放され、みんな自分の国に戻ることをゆるされた。

遠いバビロンの地で60年ものあいだ、神さまの律法を守りつづけながら捕囚として暮らしてきたユダの人びとは、こうして思いがけなくふるさとエルサレムに帰れることになったんだ。

エズラとネヘミヤ 旧約の宗教改革者

登場するのは…エズラ記、ネヘミヤ記

主はほめたたえられますように。

(エズラ記 7：27)

エズラ [Ezra]

名前の意味： アラム語で「主が助ける」

誕生： バビロン生まれ、セラヤ（祭司ツァドクの孫の孫）の子

職業： 祭司、律法学者、書記官

旧約の宗教改革者エズラ。その名前には、「主が助ける」という意味がある。当時、バビロニアの国には、移住させられて長く住んでいたイスラエルの民が大勢いた。ほとんどの人が、故郷に帰ってエルサレムで礼拝をささげることなど、もうできないと思っていた。でも不思議なことに、バビロニアはペルシアにほろぼされた。そしてペルシアの王キュロスは、イスラエルの民に、なんと故郷に帰って神殿を建てるように命じた。ほんとうに夢を見るような思いで人びとは帰っていった。

そのようなときに、神殿で再び礼拝をささげることができるように指導したのがエズラ。建物を建てるのも大変だけれど、もっと大切なのはその中身だね。エズラは主が助けてくださることを信じて祈りながらみんなを指導していったよ。礼拝でいっしょに祈ることはほんとうに大切だね。

キュロス [Cyrus] 2世

バビロニアをほろぼし、ユダヤ人に帰還をゆるしたペルシア王。

ゼルバベル、イエシュア

最初にユダヤ人の帰還と、エルサレム神殿の再建を指導した人たち。

ハガイ＆ゼカリヤ

神殿の再建を応援した預言者。（→89ページ）

ダレイオス [Darius] 1世

キュロス王の神殿再建許可を再確認、工事を再開させた王さま。

ネヘミヤ [Nehemiah]

名前の意味： ヘブライ語で「主は慰めたもう」

誕生： スサ生まれ、ハカルヤの子

職業： 献酌官→ユダヤ総督としてエルサレムに派遣される

ネヘミヤはペルシア王にとても信頼された献酌官だった。それは王さまの食事に毒が入っていないか、先に少し食べて確かめる役目で、一番信頼されている僕が選ばれた。

エズラが神殿の再建とそこでささげる礼拝を指導していったなら、ネヘミヤは神殿を中心にしたエルサレムの町を守る城壁の再建が仕事だった。城壁を建て直すということは、その城壁で囲まれた町の中身も整えることを意味するから、ネヘミヤにはとても苦労が多かったはず。

とてもよく祈ったネヘミヤは、「主は慰めたもう」というその名の意味のように、ときには心が折れそうになっても神さまから慰められて、また立ち上がっていった。ネヘミヤは神さまを喜んで礼拝する心を人びとに伝えて、「主を喜び祝うことこそ、あなたたちの力の源である」と励ましたよ。ぜひ暗唱したい聖句だね。

アルタクセルクセス [Artaxerxes] **1世**

エルサレムのことを心配していたネヘミヤに、再建工事に行くことをゆるしただけでなくて、段取りもすべて整えてくれた王さま。

サンバラト

サマリア総督。ネヘミヤに反乱の疑いをかけたり、まわりの民族をけしかけるなど、エルサレムの城壁再建工事を妨害。おかげでユダの人びとは、半数は工具を持って工事、残りは武器を持って城壁がこわされないよう警備にあたらなければならなかった。

エステル 陰謀に立ち向かう美しきクイーン

登場するのは…エステル記

この時のためにこそ、あなたは王妃の位にまで達したのではないか。　　　（エステル記 4：14）

バビロニアがペルシアにほろぼされ、バビロン捕囚は終わったけれど、エルサレムに帰らなかったユダヤ人もたくさんいた。中にはペルシアの王宮でえらい役人にとりたてられたり、王さまの妃にまでなる人も出てきた。

ベニヤミン族 サウル王家？

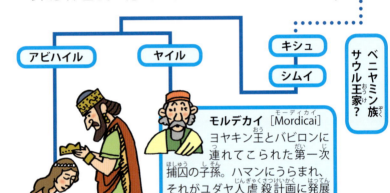

アビハイル　ヤイル　キシュ　シムイ

モルデカイ [Mordicai]
ヨヤキン王とバビロンに連れてこられた第一次捕囚の子孫。ハマンにうらまれ、それがユダヤ人虐殺計画に発展したため、エステルにハマンの計画をとめるように頼む。

エステル [Esther]
名前の意味： ペルシア語で「星」。本名の「ハダサ」はヘブライ語で「銀梅花」。
部族： ベニヤミン族
生地： スサ
親族： モルデカイ（いとこ・後見人）
特徴： ペルシアで一番の美人！

「エステル記」の主人公エステルはユダヤ人。両親がいなくて、いとこのモルデカイにひきとられた。あるとき、クセルクセス王の新しい妃を選ぶことになり、集められたたくさんの美しい女性の中からみごとエステルが選ばれる。……ここまでなら、シンデレラストーリー。
しかしこの後、エステルはハマンのユダヤ人虐殺計画をとめるために立ち上がる。

クセルクセス [Xerxes]
東はインドから西はエチオピアまで127州をおさめる。紀元前480年ギリシアに攻めこんだりしたこわい王さまだけど、エステルにだけはすごくやさしいんだ。

アガグ人ハマン [Haman]
ペルシアで一番えらい大臣。王さまに気に入られていたので、王宮にいる人はみんなハマンが来るとひざまずいたのに、モルデカイだけはひざまずかなかったので激怒。モルデカイがユダヤ人だと知って、はらいせにユダヤ人みなごろし計画をたてるけど、エステルによって失敗する。
サウル王にほろぼされたアマレク王アガグの子孫らしい。モルデカイとは、そんな先祖の因縁もあった？

ワシュティ [Vashti]
クセルクセスの元王妃。美しい人。しかし、酒宴に出ることをいやがったため、王さまを怒らせた。

大臣ハマンが王さまをたぶらかし、ユダヤ人をみなごろしにする法律を作らせてしまったからさあ大変。モルデカイは王宮にいるエステルに、王さまに法律を取り消してもらうようお願いしてくれと訴えた。
だけど王宮には、「王さまから呼ばれていない者は、たとえお妃でも王さまの前に出てはいけない」という決まりがあった。もし王さまのごきげんが悪ければ即刻死刑だ。そしてエステルには、もう何日も王さまのお呼びがなかった。
それでもエステルは、ユダヤ人を守るため、命をかけて王さまの前に出て行った。すると、王さまはこころよくエステルをむかえ、望みのものがあるなら何でもあげようとまで言ってくれたんだ。
王さまが一度決めた法律は取り消せない。そのかわりユダヤ人には反撃する権利が与えられ、ハマンも王さまに罰せられた。
人びとはエステルの勇気をたたえ、エステルを備えてくださった神さまに感謝して、毎年「プリム」の祭りを祝うようになりましたとさ。

プリム
エステルとモルデカイの活躍をたたえて、毎年春先に行われるお祭り。ハマンがユダヤ人をほろぼす日を決めるためにくじ（プル）を引いたことから「プリム」と呼ばれている。
この祭りでは「エステル記」が読まれるよ。

ダニエル ライオンの穴からの生還者

登場するのは…ダニエル書

この神は救い主、助け主。(ダニエル書6：28)

ダニエル [Daniel] (バビロン名は「ベルテシャツァル」)	
名前の意味：	ヘブライ語で「神は私の裁き主」
部族：	ユダ族
職業：	バビロン全州の長官→ペルシア大臣
主君：	ネブカドネツァル〜ベルシャツァル（バビロニア時代）、キュロス〜ダレイオス（ペルシア時代）
好物：	野菜（肉を食べなくても元気)
特技：	夢判断（夢の内容を聞かなくても言い当てるぞ。ヨセフよりすごい！)

ダニエルは、まことの神さまを信じて生きていた。たとえ殺されそうになっても、神さまはちゃんと正しい裁きを行って自分や友人たちを助けてくださると信じていた。

ダニエルの友人たちはハナンヤ（バビロン名はシャドラク）、ミシャエル（メシャク）、アザルヤ（アベド・ネゴ）。彼らは王さまの建てた大きな金の像を神さまとして拝まなかった。すると王さまは怒って、燃える火の中にほうり込むぞ、とおどした。でも３人は、神さまは火の中から助けることができるし、たとえ、死んで神さまに命をささげることになってもできません、ときっぱり。３人はとうとう火に投げ込まれてしまった。ところが王さまが見ると、火の中に４人の姿が！　神さまが守ってくださったのだ。驚いた王さまも「まことに人間をこのように救うことができる神は、ほかにはない」と言って神さまを賛美したよ。

ベルシャツァル [Belshazzar]
バビロニア最後の王さま。壁に書かれたまぼろしの字をダニエルに読み解かせ、バビロニアがほろびると預言される。

ダレイオス
ペルシアのクセルクセス王の子。お気に入りのダニエルをライオンの穴にほうり込まなければならなくなったけど、助かったダニエルを見て、ダニエルの神さまをうやまうよう全国におふれをだした。

ダニエルも同じように、殺されそうになったことがあるよ。
ダニエルをねたんだ家来たちが、「王さま、これから30日間、王さま以外の人間や神さまに願いごとをすることを禁じましょう。それをやぶった人はライオンのいる穴にほうり込みましょう」と提案して、なんとそれが受け入れられてしまった。
それでもダニエルは毎日お祈りして神さまを礼拝することをやめなかった。王さまはダニエルを助けたかったけど、一度決めたことは実行しなくてはならない。ダニエルはついにライオンのいる穴にほうり込まれてしまった。でもこのときも、神さまは御使いをおくって助けてくださった。王さまも「この神は救い主、助け主」(6：28) と言って、ダニエルといっしょに喜んだよ。
神さまは、私たちが思っているより、もっともっと大きな方だね。

スザンナ [Susanna]
旧約聖書続編「スザンナ」に登場。悪い長老におとしいれられ、あわや死刑にされそうなところを、ダニエルのみごとな裁判で救われる。

ハバクク
同じく旧約聖書続編「ベルと竜」に登場。ライオンの穴に投げ込まれたダニエルに、ユダヤからシチューを届けたよ。

「ダニエル書補遺」

「ダニエル書」にはいろいろな時代のお話やふしぎなまぼろしがつめこまれている上に、「ダニエル書補遺」として他にもいくつかのお話が伝わっている。ダビデやソロモンが作ったとされる詩編のように、頭のいい名探偵が難事件を解決するいろんな物語が、のちにダニエルの名前で伝えられていくようになったのかもしれない。

トビト、ユディト 旧約聖書続編の物語

登場するのは…トビト記、ユディト記

神がなさったことを、畏敬の念をもってすべての人々に語り、神に感謝することをためらってはなりません。（トビト記 12:6）

トビト [Tobit]
- 名前の意味： ヘブライ語で「私は良い」
- 住居・部族： ニネベ在住、ナフタリ族
- 家族： 妻ハンナ、息子トビア
- 預金： 銀 10 タラントン（約 26kg）

トビア [Tobias] 名前はヘブライ語で「主は良い」の意味。ラファエルとメディアへ旅し、その途中サラと結婚しニネベに連れ帰る。

ラファエル [Raphael]
アザリアという若者のふりをしてトビアを導き助けた天使。

サラ [Sarah]
結婚すると夫がすぐ死んでしまうのろいを悪魔にかけられていた。

アスモダイ [Asmodai]
サラをずっと苦しめていた悪魔。魚の内臓をいぶした煙で逃げ出す。

大きな魚
心臓と肝臓はどんな悪魔も追い出す魔除けに。胆のうは目の病気に効く。

ニネベの町のトビトは親切な人だったけど、ある日とつぜん失明し、何年も苦しんでいた。トビトは自分が死ぬ前に息子トビアに、遠くメディアに住む兄弟に預けたお金を受け取りに行かせた。旅にはアザリアと名乗る若者が同行した。そのころ、メディアのエクバタナに住むトビトの親戚ラグエルの娘サラは、結婚するとすぐ夫が死んでしまうのろいをかけられ苦しんでいた。たまたまそこに泊まったトビアはサラに求婚。旅の途中アザリアに言われ捕まえた魚の内臓をいぶすと悪魔は逃げ出し、トビアは死ぬことはなかった。サラも連れ無事ニネベに帰ったトビアは魚の内臓で父トビトの目もいやす。アザリアの正体は、実は神さまがつかわした天使ラファエルだった。

むかしむかし、ベトリアの町にユディトという信仰あつく美しい女の人がいた。
あるときアッシリア軍がイスラエルに攻めてきて、ベトリアは何十日も包囲された。
町の長老が「あと5日で神さまが助けてくれなかったら降参しよう」と話すのを聞き、「神さまを試してはいけない！」と怒ったユディトは、必死でお祈りした末、ある策略を実行した。

ホロフェルネス [Holofernes]
大軍を引きつれイスラエルに攻めてきたけど、ユディトの策略で殺されちゃった。

ユディト [Judith]

名前の意味：	ヘブライ語で「ユダヤの女性」
住居・部族：	ベトリア在住、シメオン族
家族：	夫マナセ（熱中症で死去）
装備：	食糧袋（ホロフェルネスの首を入れる）

町を裏切ったふりをしてアッシリア軍に投降したユディトは、その美しさと頭のよさで将軍ホロフェルネスに大歓迎される。「町を攻めるチャンスを神さまに聞く」と言って毎夜お祈りに出かけるユディトのことを誰も疑わない。
そして数日後「お祈り」に出かけたとき、侍女に持たせた袋の中には、べろんべろんによっぱらわせたホロフェルネスの生首が入っていた。総司令官を失い包囲軍は総崩れ。イスラエルは救われた。
……今読むと残酷な話だけど、民を守るため祈った末に最後の手段に出たユディトを、神さまは守ってくださったんだ。

「ユダヤの女性」は強い！

ヘベルの妻ヤエル vs シセラ、テベツの女 vs アビメレク、アベルの女 vs シェバ……旧約聖書には、女性が知恵と勇気で敵の武将をたおしてしまう物語がいくつもある。「ユディト記」も、そんな聖書の伝統の流れから生まれたお話のひとつ。また、「エステル記」の「美しい女性が異民族のえらい人に気に入られてユダヤ人を救う」という物語も影響しているのかも。「ユダヤの女性」を意味するユディトにこめられた思いを考えてみよう。

マカバイ戦争　イエス降誕前夜のユダヤ
登場するのは…マカバイ記一、二

> マカバイが軍を指揮し始めると、異邦人たちは抵抗できなくなった。主の怒りが、憐れみに変わったのだ。(マカバイ記二 8:5)

紀元前2世紀、セレウコス朝の王アンティオコス4世エピファネスは史上最悪の暴君！ ユダヤの信仰や慣習のすべてを禁じ、ギリシアの神がみに従うことを強要、逆らった者は死刑！
ついにユダ・マカバイを中心とするマカバイ一族（ハスモン家）が反乱を起こす。敵の巨象を相手に苦戦を強いられる場面もあるけど、なんと450年ぶりにユダ王国独立という奇跡を達成。「マカバイ記一、二」は、その英雄的行為を伝える感動的な物語だ。

ユダ・マカバイ　[Judas Machabeus]

あだ名の意味：	アラム語で「金槌のユダ」
誕生：	モデイン生まれ、マタティアの子
装備：	将軍アポロニオスから奪った剣

アンティオコス4世エピファネス

ユダヤを支配していたセレウコス朝シリアの皇帝。エピファネスは「現人神」の意味。ユダヤをギリシア化しようとして、エルサレム神殿をゼウスの神殿に変えたりユダヤ人に豚肉を食べさせようとした。

マカバイ戦争年表 （※ 年号は紀元前）

175	エピファネス即位
169	エピファネス、ユダヤ教弾圧開始
167	マタティア一家蜂起
165	ユダ、エルサレム奪還、神殿奉献
163	エピファネス急死
	エレアザル戦死
161	このころユダヤがローマと同盟を組む
160	ユダ戦死、ヨナタン指導者に
160	ヨハネ殺害
152	ヨナタン大祭司に任命
145	ヨナタン殺害、シモン指導者に
142	シリア軍完全撤退、ユダヤ独立回復
134	シモンと息子たち殺害
	ヨハネ・ヒルカノス大祭司に

※ 丸数字は指導者となった順番

① **マタティア** [Mattathias]
モデインの祭司。息子たちとシリアに対して反乱を起こした。

③ **ヨナタン**
トリフォンに殺される。

エレアザル
ベトザカリアの戦いで象と相討ちに。

② **ユダ**
（マカバイ）

④ **シモン**
息子ふたりと殺される。

ヨハネ
ヤンブリのもの者たちに殺される。

ユダ＆マタティア
父シモンと殺される。

⑤ **ヨハネ・ヒルカノス**

⑥ **アリストブロス１世**

ヨハネ・ヒルカノスの息子アリストブロスは大祭司と王を兼ねることになり、約５世紀ぶりにイスラエル人の王国・ハスモン王朝が始まる。ただ、このハスモン朝ユダヤ王国も数十年後ローマのポンペイウスに占領され、イドマヤ（エドム）出身のヘロデ大王が王に指名される。
イエスさまが生まれるのは、それから30年ほど後のことだよ。

エレアザル
90歳の律法学者。律法で禁じられている豚肉を食べろと強制されたけど、若者の手本となるため死を選ぶ。

7人兄弟
やはり豚肉を食べろと強制され、母親の目の前で次々と殺される。

ハヌカ

ユダはアンティオコスからエルサレム神殿を奪還し、再度の清めと奉献を行ったけれど、これは今もハヌカ（光の祭り）として祝われている。「神殿奉献記念祭」（ヨハネ福音書10:22）とも。
「マカバイ記一」が歴史書なら、「マカバイ記二」はこのハヌカの起源をしるした物語と言える。

人名索引

アガグ 52
アキシュ 59
アクパクシャド 15
アサ 73,74
アサエル 54,59,67
アザルヤ（大臣）71
アザルヤ（預言者）74
アザルヤ（王）→ウジヤ
アザルヤ（ダニエル書）
　　→アベド・ネゴ
アシェル 30-31
アスモダイ 102
アセナト 29
アダ（カイン系図）13
アダ（エサウ妻）25
アダム 10-11
アタルヤ 74,82-83
アドニヤ 58,68
アドニラム 66,71
アドラム→アドニラム
アハズ 74,84-85,90
アハズヤ（南王国）74,
　82-83
アハズヤ（北王国）75,
　83
アハブ 73,75,79,83
アビアタル 59,65-66,69
アビエル 53
アビガイル 54,58-59
アビシャイ 54,59,65,66
アビシャグ 69
アビシャル 71
アビタル 58
アヒトフェル 63,65
アビナダブ（サウル子）
　53
アビナダブ（エッサイ子）
　54

アヒノアム（サウル妻）
　53
アヒノアム（ダビデ妻）
　58
アビハイル 98
アビフ 34
アヒマアツ 53
アヒメレク（祭司）53,
　59
アヒメレク（軍人）59
アビメレク 20
アヒヤ 71,74
アビヤ 51
アビヤム 73-74
アフィア 53
アブサロム 58,64-65
アブドン 42
アブネル 53,60
アブラム（アブラハム）
　15,18-23
アベド・ネゴ 100
アベル 12-13
アマサ 54,65-66
アマツヤ 74,84-85
アミナダブ 34,45
アムノン 58,64
アムラム 33
アモス 75,86
アモン 74,90,92
アラム 45
アリストブロス1世 105
アルタクセルクセス1世
　97
アロン 33,34
アンティオコス4世エピ
　ファネス 104
イエシュア 96
イエフ（王）75,82-83
イエフ（預言者）75

イエレド 13
イサカル 30
イサク 22-25
イザヤ 74,91
イシュ・ボシェト 53,60
イシュバアル 66
イシュバク 23
イシュビ 53
イシュビ・ベノブ 67
イシュマエル 21
イスカ 19
イゼベル 73,79,83
イタイ 65
イタマル 34
イドラフ 19
イトレアム 58
イブツァン 42
イブハル 63
イラ 66
イラド 13
ウザ 61
ウジヤ（アザルヤ）74,
　84-85
ウツ 19
ウリヤ 62,67
エグラ 58
エグロン 40
エコンヤ→ヨヤキン
エサウ 24-25
エステル 98
エズラ 96
エゼキエル 74,94
エッサイ 44,54
エトロ（レウエル）33
エノク（カイン系図）13
エノク（セト系図）13
エノシュ 13
エバ 10-11
エビル・メロダク 94

エフタ 42
エフド 40,42
エフライム 29,30
エフロン 23
エベル 15
エミマ 47
エラ 73,75
エリ 50
エリアブ 54
エリアム 63,67
エリエゼル(僕) 21
エリエゼル(モーセ子) 32-33
エリシャ 75,80-81
エリシャバ 34
エリシャマ 63
エリシュア 63
エリフ 47
エリファズ 47
エリフェレト 63
エリホレフ 71
エリメレク 45
エリヤ 75,78-79
エルアザル(祭司) 34
エルアザル(アホア人) 66
エルカナ 51
エルハナン 67
エルヤキム→ヨヤキム
エルヤダ 63
エレアザル 105
エレミヤ 74,93
エロン 42
オツェム 54
オデド(南王国) 74
オデド(北王国) 75
オトニエル 40,42
オバデヤ 74,89
オベド 45,54
オホリアブ 37
オホリマバ 25
オムリ 73,75,83

オルパ 45

か

カイン 12-13
ガド(ヤコブ子) 30-31
ガド(預言者) 59,74
ガハム 19
カレブ 39
キシュ(サウル父) 53
キシュ(エステル記) 98
ギデオン 41,42
キュロス2世 96
キルアブ(ダニエル) 58
キルヨン 45
クシャン・リシュアタイム 40
クセルクセス 99
ケセド 19
ゲダルヤ 93
ケツィア 47
ケトラ 23
ケナン 13
ゲハジ 81
ケハト 33
ケムエル 19
ゲルショム 32-33
ゲルション 33
ケレン・プク 47
ゴリアト 55

さ

サウル 52-59,74-75
サフ 67
サムエル 50-54,56,59,74
サムソン 42-43
サラ(トビト記) 102
サライ(サラ) 18-23
サルマ 45
サンバラト 97
シェバ 67
シェバの女王 70

シェファトヤ 58
シェマヤ 74
シェラ 15
シェワ 66
シシャク 72
シセラ 41
シフラ 33
シムア 54
シムイ(サウル一族) 65,69
シムイ(エステル記) 98
ジムラン 23
ジムリ 73,75
シメオン 30
シモン(マカバイ記) 105
シャドラク 100
シャムア 63
シャムガル 40,42
シャルマナサル 84
シャルム(北王国) 75,85
シャルム(南王国)→ヨアハズ
シャンマ(エッサイ子) 54
シャンマ(ハラリ人) 66
シュア 23
ショバブ 63
ジルパ 27,30-31
スザンナ 101
ゼカリヤ 89,96
ゼカルヤ(預言者) 74
ゼカルヤ(王) 75,85
ゼデキヤ 74,92
セト 13
ゼファニヤ 74,88
ゼブダ 92
ゼブルン 30
セム 15-17
セラヤ 66
セルグ 15
ゼルバベル 96

センナケリブ 91
ソロモン 63,68-75

ダニエル 100-101
タハシュ 19
ダビデ 44,54-68,75
タマル(ペレツ母) 45
タマル(王女) 58,64
ダレイオス(ダニエル書) 101
ダレイオス1世 96
ダン 30-31
ツァドク 65-66,69,71
ツァフェナト・パネア →ヨセフ
ツィバ 65
ツィポラ 33
ツィラ 13
ツェルヤ 54
ツェロフハド 37
ツェロル 53
ツォファル 47
ディナ 30
ティルツァ 37
テバ 19
デボラ 41,42
テラ 15,18-19
デリラ 43
トイ 61
ドエグ 59
トバル・カイン 13
トビア 102
トビト 102
トラ 42

な

ナアマ 13
ナアマン 81
ナオミ 44-45
ナダブ(祭司) 34
ナダブ(王) 73,75

ナタン(預言者) 61,63,69,74
ナタン(ダビデ家) 63
ナハシュ 52
ナバル 59
ナフション 34,36,45
ナフタリ 30-31
ナフライ 67
ナボト 79
ナホム 75,88
ナホル(祖父) 15
ナホル(孫) 15,19,23
ネコ2世 93
ネタンエル 54
ネフェグ 63
ネブカドネツァル2世 93,95
ネヘミヤ 97
ネル 53
ノア(箱舟) 13-17
ノア(マナセ族) 37

バアナ 60
ハガイ 89,96
ハガル 21
ハギト 58,68
バシャ 73,75
バセマト 25
ハゾ 19
ハダド 71
バト・シェバ 62-63,68
ハナンヤ(預言者) 74
ハナンヤ→シャドラク
ハヌン 61
ハバクク 75,88
ハバクク(ダニエル書補遺) 101
ハマン 99
ハム 15-17
ハムタル 92
バラク 41

ハラン 15,19
バルク 93
バルジライ 65
ハンナ 51
ヒゼキヤ 74,85,90
ピネハス(アロン孫) 34
ピネハス(エリ子) 50
ヒラム(ティルス王) 61,70
ヒラム(工芸職人) 70
ビルダシュ 19
ビルダド 47
ビルハ 27,30-31
プア 33
フシャイ 65
ブズ 19
プル 84
フルダ 74
ペカ 75,85
ペカフヤ 75,85
ベコラト 53
ベツァルエル 37
ヘツロン 45
ベトエル 19,23
ベナヤ 66,69,71
ペニナ 51
ベニヤミン 30-31
ベルシャツァル 101
ベルテシャツァル→ダニエル
ペレグ 15
ペレツ 45
ベン・アミ 19
ベン・ハダド 73
ボアズ 45,54
ホグラ 37
ホシェア 75,85
ホセア 75,86
ポティファル 28
ホフニ 50
ホロフェルネス 103

ま

マアカ（ナホル家） 19
マアカ（ダビデ妻） 58
マタティア 105
マタティア（マカバイ記孫） 105
マタンヤ→ゼデキヤ
マナセ（ヨセフ子） 29,30
マナセ（王） 74,90
マノア 43
マハラト 25
マハラルエル 13
マフラ 37
マフロン 45
マラキ 89
マルキ・シュア 53
ミカ 74,88
ミカヤ 75
ミカル 53,56,58,61
ミシャエル→メシャク
ミディアン 23
ミリアム 33
ミルカ（ハラン子） 19,23
ミルカ（マナセ族） 37
メシャク 100
メダン 23
メトシャエル 13
メトシェラ 13
メナヘム 75,85
メフィボシェト 53,60
メフヤエル 13
メラブ 53
メラリ 33
メルキゼデク 20
メロダク・バルアダン 91
モアブ 19
モーセ 32-35,37
モルデカイ 98

や

ヤイル（士師） 42
ヤイル（エステル系図） 98
ヤエル 41
ヤコブ 24-28,30
ヤバル 13
ヤビン 41
ヤフィア 63
ヤフェト 15-17
ヤロブアム 71-73,75
ヤロブアム2世 75,85
ユダ 30,45
ユダ・マカバイ 104,105
ユディト（エサウ妻） 25
ユディト（ユディト記） 103
ユバル 13
ヨアシュ（南王国） 74,82-85
ヨアシュ（北王国） 75,85
ヨアハズ（北王国） 75,85
ヨアハズ（南王国） 74,92
ヨアブ 54,59,62,65-66,69
ヨエル（預言者） 74,89
ヨエル（サムエル家） 51
ヨクシャン 23
ヨケベド 33
ヨシェバ 82-83
ヨシヤ 74,92
ヨシャファト（南王国） 73-74,79,83
ヨシャファト（補佐官） 66,71
ヨシュア 34,38
ヨセフ 27-29
ヨタム 74,84-85
ヨナ 75,86-87
ヨナダブ 54,64
ヨナタン（サウル子） 53,56
ヨナタン（アビアタル家） 65
ヨナタン（マカバイ記） 105
ヨハネ・ヒルカノス 105
ヨハネ（マカバイ記） 105
ヨブ 46-47
ヨヤキム 74,92
ヨヤキン 74,92
ヨヤダ 82-83
ヨラム（ハマト王子） 61
ヨラム（南王国） 74,83
ヨラム（北王国） 75,83

ら

ラケル 26-27,30-31
ラダイ 54
ラハブ 38
ラバン 23,25-27
ラピドト 41
ラブ・シャケ 91
ラファエル（アザリア） 102
ラム 45
リツパ 53
リベカ 23-25
ルツ 44-45,54
ルベン 30
レア 26-27,30
レウ 15
レウマ 19
レカブ 60
レゾン 71
レハブアム 72-74
レビ 30,33
レメク（カイン系図） 13
レメク（セト系図） 13
ロト 18-20

わ

ワシュティ 99

この本を作った人

監修者	**大島　力**（おおしま・ちから） 青山学院大学名誉教授。著書に『預言者の信仰——神から遣わされた人々』、『聖書は何を語るか』(以上、日本キリスト教団出版局) 他多数。
編　者	**古賀　博**（こが・ひろし） 日本基督教団早稲田教会牧師
	真壁　巌（まかべ・いわお） 日本基督教団西千葉教会牧師
	吉岡康子（よしおか・やすこ） 青山学院大学宗教主任・コミュニティ人間科学部准教授、日本基督教団吉祥寺教会牧師
執筆者	**願念　望**（がんねん・のぞみ） 日本基督教団白鷺教会牧師
	望月麻生（もちづき・あさを） 日本基督教団足利教会牧師
	與那城初穂（よなしろ・はつほ） 敬和学園高等学校聖書科教員
イラスト	**金　斗鉉**（きむ・とうげん） 1953年、韓国ソウル生まれ。1971年来日。広告代理店グラフィックデザイナーを経てフリーランスイラストレーター。著書に『絵本イラストレーション入門』(新星出版社)、絵本『聖書ものがたり　ノアの箱舟』(日本キリスト教団出版局)、『ふるさと60年』(福音館書店) など多数。日本基督教団浦安教会教会員。
マップ・ イラスト彩色	**東條綾乃**（とうじょう・あやの） アトリエKIM
装　丁	岩崎邦好
編　集	秦　一紀、飯　　光

出典一覧

- 94頁　ラファエロ「エゼキエルの幻視」、1510年頃
  ウフィツィ美術館（フィレンツェ）
- 100頁　ルーベンス「ライオンの穴の中のダニエル」（部分）、1614-16年
  ナショナル・ギャラリー・オブ・アート（ワシントン）
- 102頁　レンブラント「トビトとアンナ」（部分）、1626年
  アムステルダム国立美術館

聖書人物おもしろ図鑑
旧約編

2015年11月15日　初版発行
2024年10月30日　8版発行

監修　大島 力

編者　古賀 博、真壁 巌、吉岡康子

イラスト　金 斗鉉

発行　日本キリスト教団出版局
〒169-0051
東京都新宿区西早稲田2-3-18-41
電話・営業03（3204）0422
　　　編集03（3204）0424
https://bp-uccj.jp

印刷　河北印刷

ISBN978-4-8184-0929-3　C0016　日キ販
Printed in Japan

あわせて読めば、聖書の世界が一望できる！

聖書人物おもしろ図鑑
新約編

監修者　中野実
編者　古賀博・真壁巌・吉岡康子
イラスト　金斗鉉

聖書の物語が図解で
わかりやすく！

四六判・並製・112ページ
1,500円＋税

複雑な人間関係も
ひと目で把握